5分間でやる気脳に

このドリルは、子どもたちが興味を示しそうな内容を、短い文章にしてのせています。

読解学習の基礎・基本を、細かいステッで組み立ててあり、順を追って無理なく学習できます。

短い文章と問いを、ていねいにくり返し読み取ることで、読解力がつくようにしてあります。

子どもが1ページやり終えるごとに、しっかりほめてください。

脳からドーパミン（脳のホルモン）が出て、「やる気が育つ」ことが科学的に確認されています。

「ドリルをする」
↓
「ほめる」
↓
「ドーパミンが出る」
↓
「やる気が育つ」

この循環で、子どもの脳はきたえられ、かしこくなっていきます。

そうなるように工夫して、このドリルをつくりました。

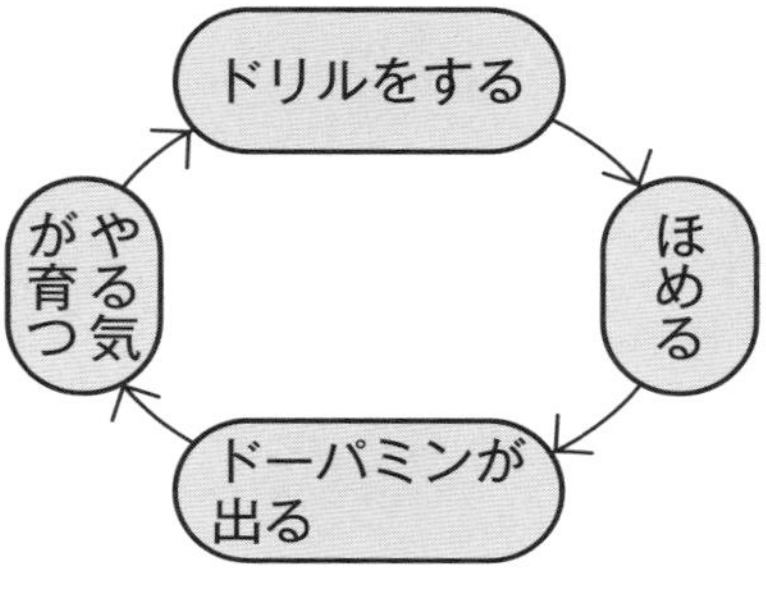

5分間読解ドリルの特色

●1日5分、集中しよう

子どもたちが興味を示しそうな短い文で設問が少なく、短時間で取り組めます。

●毎日続けよう

家庭学習の習慣が身につきます。

●まるつけも　かんたん

答えはうらのページにのせています。

つまった問題は、解答を見て再度挑戦してください。

解説やイラストつき

問題に出てきたことがらがよくわかるように、解説やイラストをつけました。

また、楽しく取り組める問題ものせています。

もくじ

タイトル	学習《がくしゅう》日《び》	色ぬりチェック		
		もうすこし	できた	よくできた
㉖ マテガイとり	／			
こそあどことば				
㉗ 王さまとくつや	／			
㉘ カエルのジャンプ	／			
㉙ タンポポのちえ	／			
㉚ ダチョウ	／			
㉛ いろいろなバス	／			
㉜ カマキリのあわのかたまり	／			
なぜ・りゆう				
㉝ ヒョウとチーター	／			
㉞ おふろあらい	／			
㉟ カタツムリ	／			
㊱ おむすびころりん	／			
㊲ モンシロチョウのたまご	／			
㊳ ニホンメダカ	／			
㊴ シオマネキ	／			
㊵ こん虫のへんしん	／			
そうごうもんだい				
㊶ しぶガキとカラス	／			
㊷ カキの見はり	／			
㊸ 口はわざわいのもと	／			
㊹ なきずもう	／			
㊺ チューリップ	／			
㊻ はたらく自どう車	／			
㊼ せつ分	／			
㊽ セキレイ	／			
㊾ 赤いろうそく（1）	／			
㊿ 赤いろうそく（2）	／			

1 だれ・何・どうする
子もりグマ　コアラ

月　日

点/30点

せなかにかわいい赤ちゃんをおんぶしているコアラをよく見かけます。そのためコアラは、子もりグマともよばれています。
じつは、コアラにもカンガルーと同《おな》じように、メスのおなかには赤ちゃんをそだてるふくろがあるのです。赤ちゃんは大きくなってふくろを出ると、親《おや》のせなかにおんぶされます。ほとんどを木の上でくらすコアラには、木のえだをしっかりにぎるため、手や足にはツメのついた五本のゆびがあります。

---

1 コアラは、コアラのほかに何《なに》とよばれますか。(10点)

〔　　　　〕

2 コアラのメスのおなかには、何がありますか。(10点)

□□□□を□□てる□□□。

3 コアラは、ほとんどどこでくらしていますか。(10点)

□□□

木のえだをしっかりつかむ手、親《おや》ゆびと
のこりのゆびでものをしっかりつかめる。

こたえ

1 子もりグマ

2 赤ちゃん　そだ　ふくろ

3 木の上

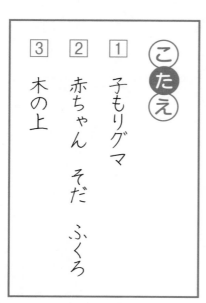

アジアゾウははたらきもの

アジアゾウは、多《おお》くのどうぶつ園《えん》でかわれていて、㋐人気のあるゾウです。人間《にんげん》とのつきあいは古《ふる》く、今《いま》でも、人の力ではむずかしい、森林のおくふかくの、きかいがつかえないような場《ば》しょで、木ざいをはこんだり、いろいろな㋑力しごとをたすけてくれています。

小さいときから、人間といっしょにくらし、せなかにゾウつかいをのせて歩《ある》くなど、人間によくなついています。

1 ㋐の、人気のあるゾウは何《なに》といいますか。（10点）

□□□ゾウ

2 ㋑どこで、どんなことをたすけてくれていますか。（20点）

どこで

□□□□□□□ような場しょ。

どんな

□□□□□□□

だり、力しごとをたすけている。

アジアゾウは、頭《あたま》がよくてはたらきもので、むかしから人とともにくらしてきました。

今でも、東南《とうなん》アジアの山おくでは、ゾウつかいとゾウが、にもつはこびや木ざいの切《き》り出しの力しごとをしています。

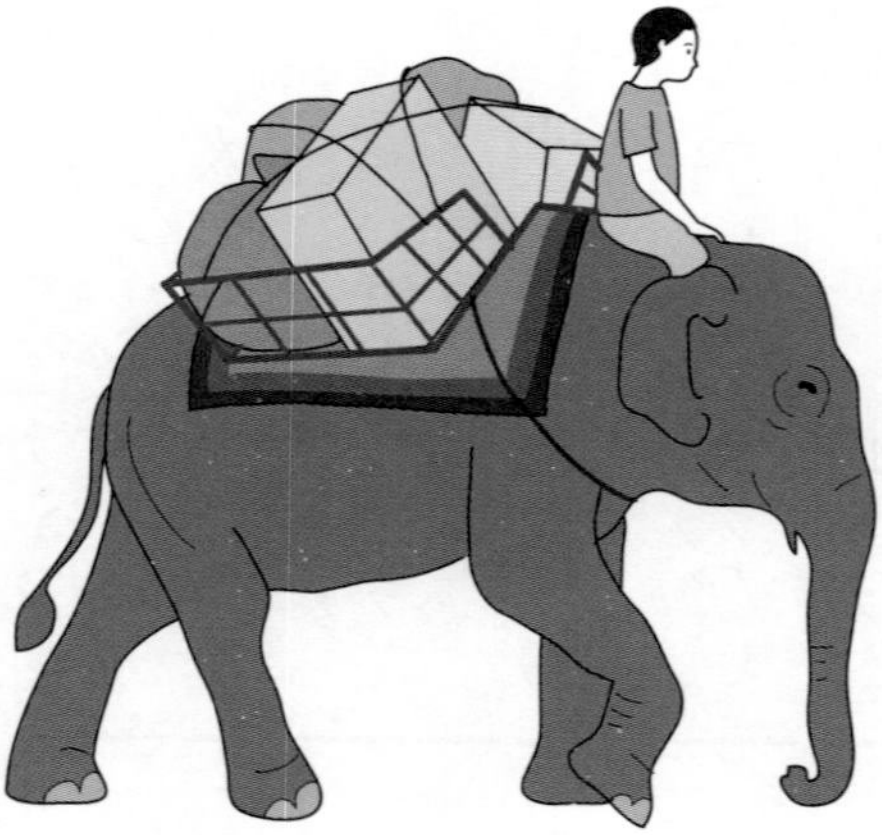

こたえ

[1] アジア

[2] きかいがつかえない木ざいをはこん

カンぽっくりであそぼう

月　日

点/30点

みなさんは、カンぽっくりというあそびを知《し》っていますか。

じょうぶな空きカンに、あなをあけてタコ糸を通《とお》したものです。

タコ糸をしっかり手でひっぱり、カンを足のうらにくっつけるようにして歩《ある》きます。少し上手《じょうず》になると走《はし》ったりできます。

水たまりを歩いたり、カンの鳴《な》る音を楽《たの》しんだりします。

1 カンぽっくりは、何《なに》をつかって作《つく》りますか。（10点）

・□□□□

・□□□

2 どのようにして歩きますか。（20点）

〔　　〕を〔　　〕で

ひっぱり、〔　　〕を

〔　　〕の〔　　〕に

くっつけるようにして歩く。

〈作《つく》り方《かた》〉

① 空きカンにクギなどで小さなあなをあけます。

② そこにタコ糸を通《とお》して中にむすび目を作り、糸がぬけないようにします。

こたえ

1 空きカン　タコ糸

2 タコ糸　手　カン　足うら

4 だれ・何・どうする
秋まつり

月　日

点/30点

秋《あき》まつりを見たことがありますか。おみこしが出たり、だんじりがくり出すにぎやかなおまつりです。ししまいが出たりするところもあります。

むかしから、秋になってお米《こめ》がとれると、その地方《ちほう》のみんなでおいわいをしてきました。かみさまにも、おれいと来年《らいねん》のほう作《さく》をおねがいしていたのです。子どもたちは、いろんなお店《みせ》が出るのを楽《たの》しみにしています。

---

1 秋まつりには、何《なに》が出たりしますか。（15点）

〔　　　　〕〔　　　　〕〔　　　　〕

2 何を、おいわいしたのですか。（5点）

□□□□□□ こと

3 子どもたちは、何を楽しみにしていますか。（10点）

□□□□□□□□□□ のを楽しみにしている。

〈だんじり〉

おまつりのときに引いてあるく、かざりをした車。「だんじり」や「山車（だし）」と言われます。

こたえ

1 おみこし　だんじり　ししまい
（じゅん番は　じゆう）

2 お米がとれた

3 いろんなお店が出る

聞き耳ずきん

月　日

点/30点

子ギツネをたすけたおじいさんは、母《はは》ギツネからおれいにもらったずきんをかぶってみました。

㋐すると、いろいろなどうぶつの話《はなし》が聞《き》こえるようになりました。

カラスの話では、㋑長《ちょう》じゃさんのむすめのびょう気がクスノキのたたりだというのです。

そこで、おじいさんは長じゃさんのくらにねとまりして、クスノキの話を聞きました。なんでも新《あたら》しいくらがクスノキの足の上にのっていて、そのたたりだというのです。

長じゃさんがくらをどかすとむすめは元気《げんき》になり、おじいさんはたくさんのおれいをもらいました。

1 おじいさんはだれから、ずきんをもらいましたか。（5点）

〔　　　　〕

2 ㋐すると、何《なに》が聞こえるようになりましたか。（10点）

〔　　　　〕

3 ㋑は、だれが言《い》ったことですか。（5点）

〔　　　　〕

4 長じゃさんがどうすると、むすめが元気になりましたか。（10点）

〔　　　　〕

〈ずきんをもらったわけ〉

おじいさんがしばしばかりから帰《かえ》るとちゅう、子ギツネが木のみをとろうとしていました。

おじいさんが木のみをとってやると、子ギツネはうれしそうにいつまでもおじいさんの後《うし》ろすがたを見おくっていました。

ある日、おじいさんが町まで出かけておそくに帰ってくると、このまえの子ギツネが手まねきしています。ついていくと、母《はは》ギツネのところにあんないされました。母ギツネは、おれいにふしぎなずきんをくれました。

こたえ

1 母ギツネ

2 （いろいろな）どうぶつの話

3 カラス

4 くらをどかすと

だるまさんがころんだ

　少しはなれてならんだみんなが、オニのせなかにむかって少しずつ近《ちか》づき、タッチするあそびです。

　オニが顔をふせて「㋐ダルマさんがころんだ」と言《い》っている間だけ、みんなは、うごけます。オニは、言うリズムをかえて、うごいている人《ひと》を見《み》つけます。見つかった人は、㋑オニと手《て》をつなぎます。

　オニに近づいた人が、つかまっている人の手を「切《き》った」と言ってはなしてやり、㋒ぜんいんをにがします。

　オニの「止《と》まれ」の声で、みんなは止まります。

　三歩《さんぽ》、オニがうごいて、㋓タッチされた人がつぎのオニです。

1　㋐は、だれが言いますか。（5点）

〔　　　　〕

2　㋑をするのは、だれですか。（5点）

〔　　　　〕

3　㋒は、どうするとできますか。（10点）

オニにつかまっている人の手を、〔　　　　〕と言って〔　　　　〕。

4　㋓は、どうなりますか。（10点）

〔　　　　〕になる。

絵《え》を見て、ことばをひらがなで書《か》きましょう。
➡のことばは、何《なに》ですか。

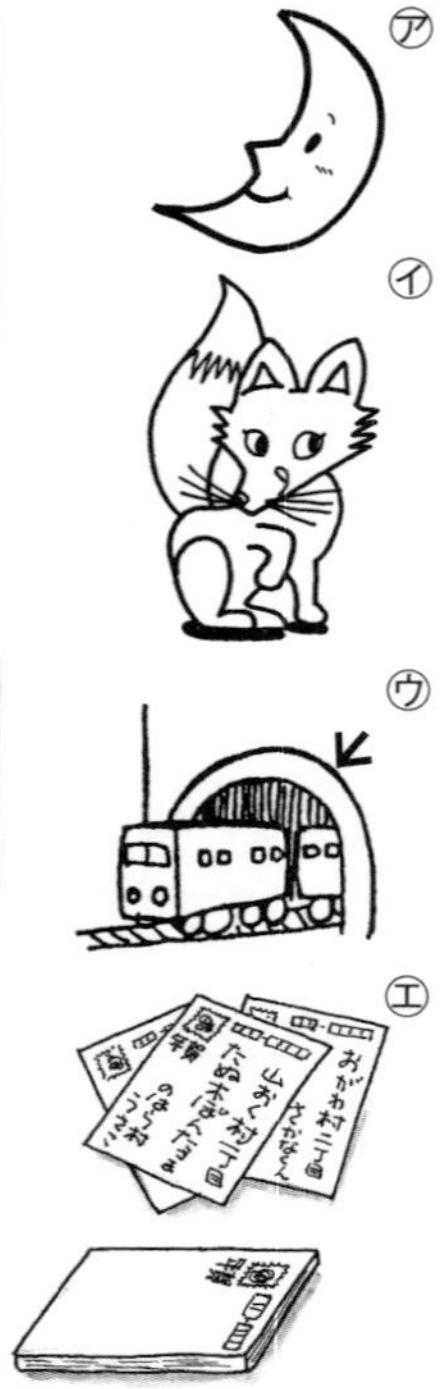

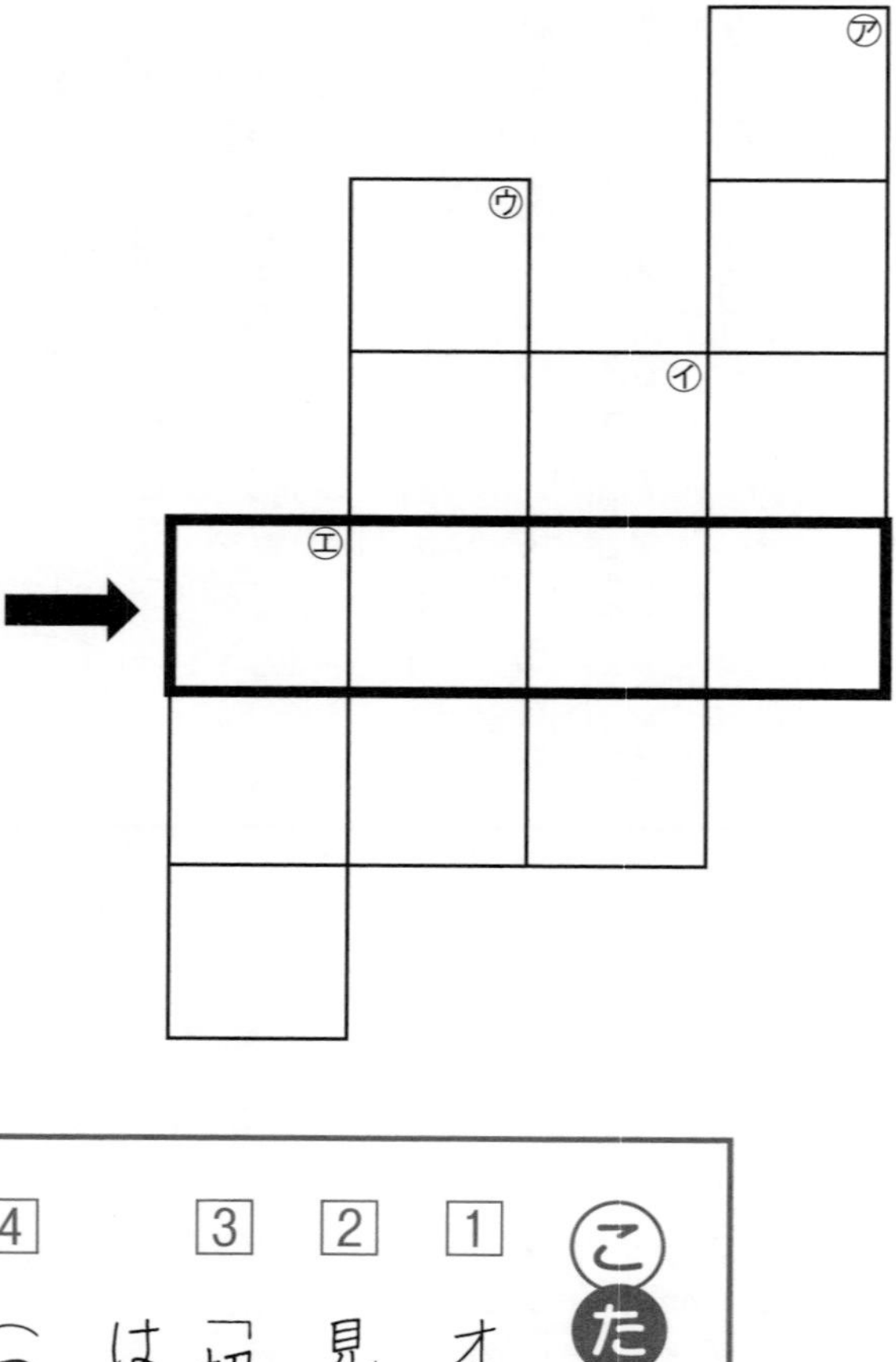

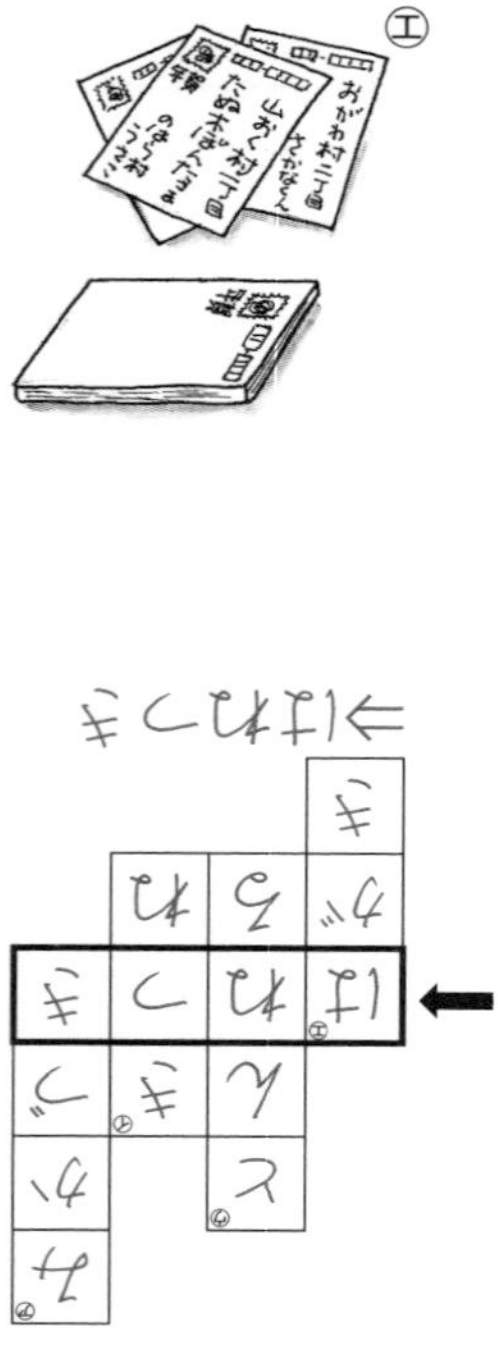

こたえ

1 オニ

2 見つかった人

3 「切った」
はなしてやる

4 （つぎの）オニ

クジラのしおふき

月　日

点/30点

クジラの「しおふき」㋐を知《し》っていますか。

もぐっていたクジラが、海《うみ》から頭《あたま》を出して、いきをはくときにできるふん水のことです。六メートルもの高《たか》さまで海水《かいすい》をふき上げる㋑ことがあります。

一いきで二千メートルものふかさまでもぐれるほど、たくさんの空気をすっているからです。

また、クジラのはなは頭上《ずじょう》にあり、一つのあなにまとまっているので、いきおいも強《つよ》いのです。

1 ㋐は、何《なに》のことですか。（10点）

［　　　　　　　　］

2 ㋑は、何をふき上げますか。（10点）

［　　］にできる［　　　］。

3 クジラのはなは、どこにあって、どのようになっていますか。（10点）

［　　］にあり、［　　　　　］にまとまっている。

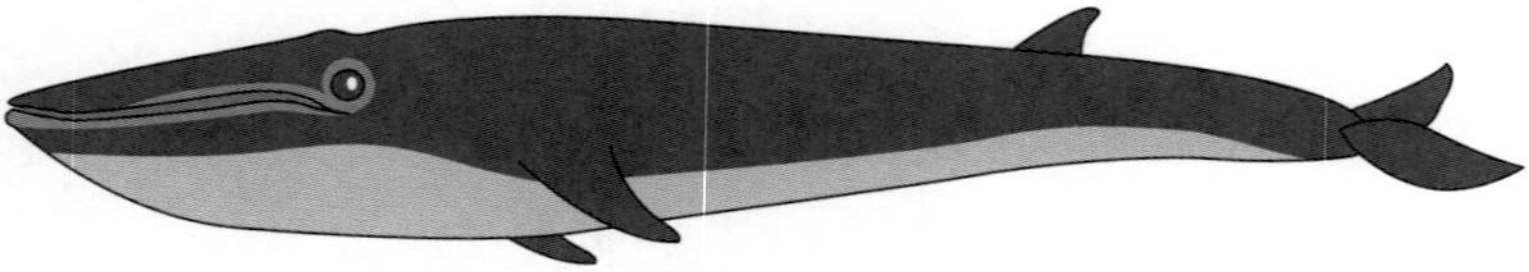

ナガスクジラ

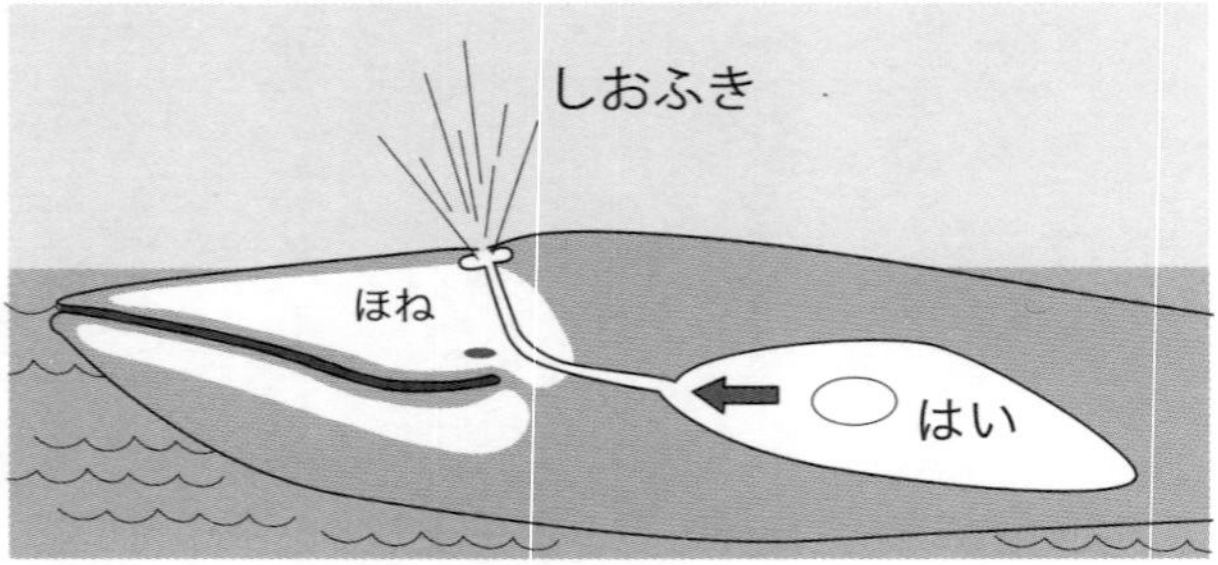

こたえ

1 いきをはくとき
ふん水

2 海水

3 頭上
一つのあな

かぐやびな

　三月三日はひなまつり、多《おお》くの家《いえ》でおひなさまをかざります。

　ひょうごけんに、「かぐやびな」作《づく》りで大いそがしの会社《かいしゃ》があると聞《き》きます。

「かぐやひめ」の話《はなし》は知《し》っていますね。

　かぐやびなというのは、㋐そのお話にあるような、竹づつの中に入っているおひなさまのことです。

　高《たか》さ二十センチメートルくらいの竹づつの中に、わ紙《し》で作ったおひなさまを入れ、ももの花㋑をかざります。

　とてもかわいらしくて、おちついた作りになっています。

---

1 三月三日は何《なに》の日ですか。（10点）

［　　　　］

2 「かぐやびな」は、何に何を入れますか。（10点）

［　　　　］の中に、わ紙で作った［　　　　］を入れる。

3 ㋑は、何をかざりますか。（10点）

［　　　　］

〈かぐやひめの あらすじ〉

むかしむかし、竹とりのおじいさんが山で竹をとっていると、一本の竹が金色《きんいろ》に光《ひか》っているのを見かけました。

おじいさんが、その竹を切《き》ってみると中に小さな女の子がすわっていました。

おじいさんは、「これはかみさまからのおくりものにちがいない」と言《い》って、家《いえ》につれて帰《かえ》り、「かぐやひめ」と名づけました。

こたえ

1 ひなまつり

2 竹づつ
おひなさま

3 ももの花

9 いつ・どこ
カンけり

月　日

点/30点

オニいがいの人が、広場《ひろば》のまん中においたカンをけるところからはじまります。

　オニがカンを元《もと》にもどすまでに、㋐みんなはかくれます。

　そして、オニがかくれている人を見つけ、㋑「あきちゃん、見つけた」と言《い》って、カンをふみます。

　ところが、かくれている人をさがしている間《あいだ》に、カンをけられてしまうと、せっかくつかまえた人もにげてしまい、またはじめからになってしまいます。

　ぜんいんを見つけると、オニは交《こう》たいできます。

---

1 このあそびは、何《なに》をけることからはじまりますか。（5点）

［　　　　］

2 ㋐は、いつまでにかくれますか。（10点）

［　　　　］

3 ㋑と言って、オニはどうしますか。（10点）

［　　　　］

4 どうすれば、オニは交たいできますか。（5点）

［　　　　］

★　つぎのことわざに出てくる生《い》きものを、ひらがなで書《か》きましょう。

① □□ のひと声《こえ》

〔力の強《つよ》い人の、たった一言《ひとこと》できまること。〕

② □□□ ごっこ

〔なんども同《おな》じことのくりかえしで、前《まえ》にすすまないこと。〕

③ □□ に □□□ にらまれた

〔強いものの前では、こわくてうごけないこと。〕

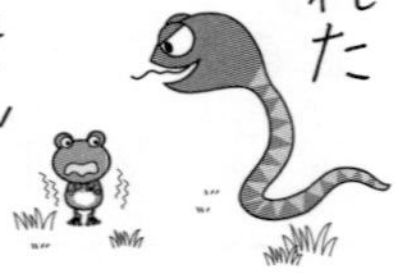

④ □□ をかぶる

〔本当《ほんとう》のせいかくをかくして、おとなしく見せること。〕

こたえ

1 カン

2 オニがカンを元に もどすまで

3 カンをふむ（ふみます）

4 ぜんいんを見つける

（答《こた》え）① つる　② いたち　③ へび　かえる　④ ねこ

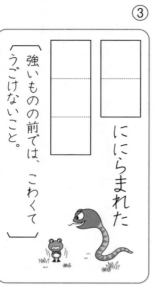

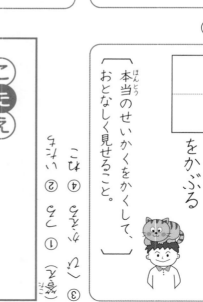

⑩ いつ・どこ
しっぽのはたらき

月　日

点/30点

どうぶつのしっぽには、いろいろなはたらきがあります。

クモザルのしっぽは、まるで手でつかむようにえだにまきつき、手としっぽでえだからえだへ、とびうつります。

ムササビは、木のてっぺんから、ひまくを大きく広《ひろ》げてとび出します。太《ふと》く長《なが》いしっぽを右に左にうごかして、ドングリのなる木をめざします。

イルカのしっぽはおひれで、イルカはこれをうちわのように上下にふって、はやくおよぎます。

カバは、㋐しっぽでフンとそのにおいをまきちらし、自分《じぶん》のなわばりをしめしていきます。

---

1 クモザルのしっぽは、何《なに》のようにえだにまきつきますか。（5点）

［　　　　］

2 ムササビは、しっぽをどうしますか。（10点）

［　　　　］

3 イルカのしっぽは、何ですか。（5点）

［　　　　］

4 ㋐で、何をしめしていきますか。（10点）

［　　　　］

どうぶつのしっぽ

カバのしっぽ

ムササビのしっぽ

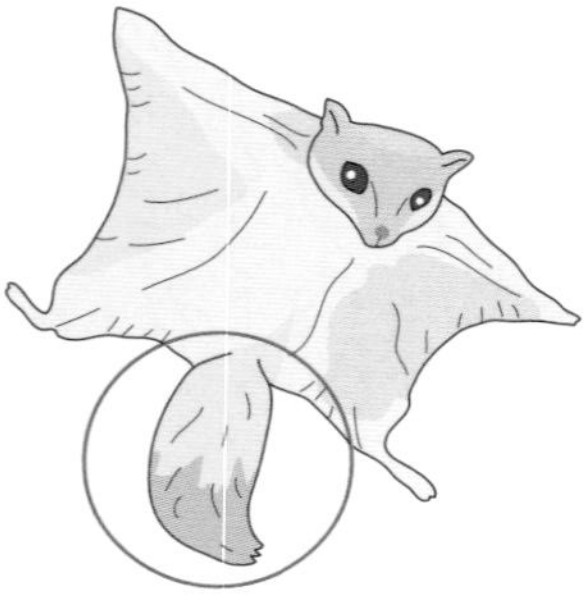

イルカのしっぽ

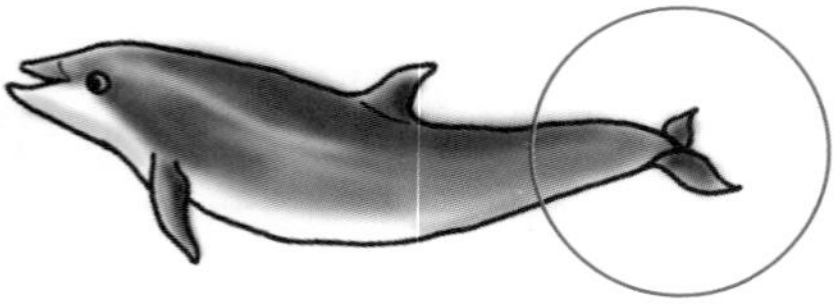

クモザルのしっぽ

こたえ

1 手

2 右に左にうごかす

3 おひれ

4 (自分の)なわばり

ヤドカリのひっこし

月　日

点/30点

しおだまりでよく見かける、頭《あたま》や顔《かお》はエビそっくりで体《からだ》に貝がらをつけているヤドカリ。体がやわらかいので、てきからみをまもるために㋐貝がらをかりています。

しかし、かりものの貝がらは、体が大きくなってくるときゅうくつになります。

そこで、せまくなった貝がらをすてて、少《すこ》し大きいものにひっこしします。

上手《じょうず》にはさみをつかい、貝がらの大きさをはかり、㋑つぎにすむ貝がらを見つけるのです。

1　ヤドカリはどこでよく見かけられますか。（10点）

□□□□□

2　㋐は、何《なん》のためですか。（10点）

〔　　　　ため〕

3　どのようにして、㋑をしますか。（10点）

□□□で□□□の□□□をはかって。

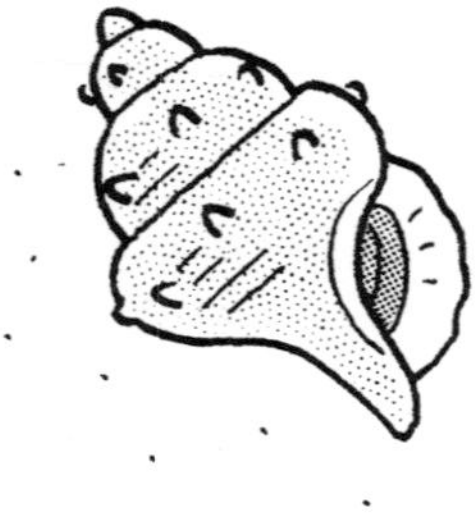

小さくきゅうくつに
なった貝がらをぬぎます。

新《あたら》しい貝がらに
ひっこします。

こたえ

1 しおだまり

2 てきからみをまもる

3 はさみ　貝がら
大きさ

12 いつ・どこ アリジゴク

アリジゴクというこん虫を知《し》っていますか。お寺《てら》の大やねや、そうこののき下など、雨のかからないサラサラしたすな地《じ》に、すりばちのようなくぼみを作《つく》ってすんでいます。

アリジゴクは、トンボににたウスバカゲロウという虫のよう虫です。すりばちのそこの中でまちかまえていて、中におちてくるアリなどを大きいあごでつかまえてエサにしています。

---

1 アリジゴクは、どこにすんでいますか。(10点)

［　　　　　　］や、［　　　］ののき下など。

2 アリジゴクは、何《なに》のよう虫ですか。(10点)

［　　　　　　　　］

3 アリジゴクは、何をエサにしていますか。(10点)

［　　］など。

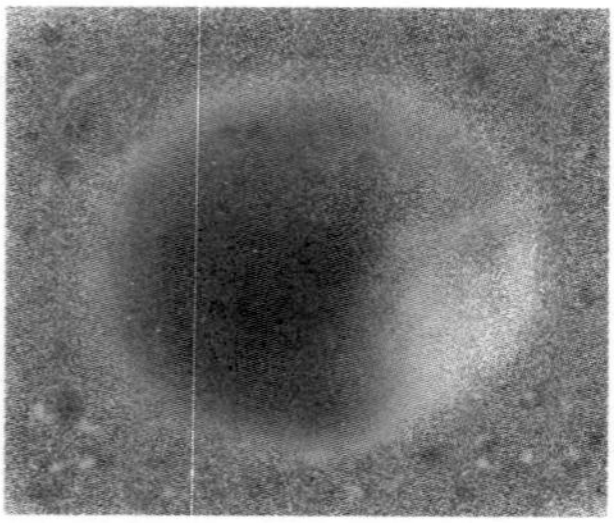

①アリジゴクとよばれる
すなのすりばち

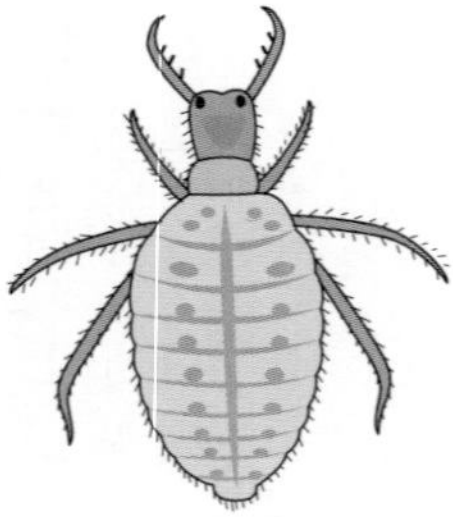

②ウスバカゲロウのよう虫
大きく強《つよ》いあごで、アリ
をつかまえます。

③ウスバカゲロウ

こたえ

1 お寺の大やね
そうこ

2 ウスバカゲロウ

3 アリ

13 タコの体

足《あし》のつけね近《ちか》くに㋐二つの目と口があります。ここが頭《あたま》です。

頭に見える丸《まる》く大きなところは、おなかです。八本の足には、きゅうばんがついていて、強《つよ》い力があります。

食《た》べものは、カニ、エビ、貝などで、足を上手《じょうず》につかって中のみを食べます。

自分のみをまもるために、体《からだ》の色《いろ》や形《かたち》をまわりのようすに合《あ》わせてかくれます。あぶなくなると、黒《くろ》いすみをはいて、みをかくしてにげます。ときには、㋑足を切《き》ってにげることもあります。切れた足はまた生えてきます。

---

1 ㋐は、どこにありますか。（10点）

［　　　　］

2 タコの食べものは何《なに》ですか。（15点）

［　　　　］［　　　　］［　　　　］など。

3 ㋑は、どんなときにしますか。（5点）

［　　　　］ため。

〈タコの体《からだ》〉

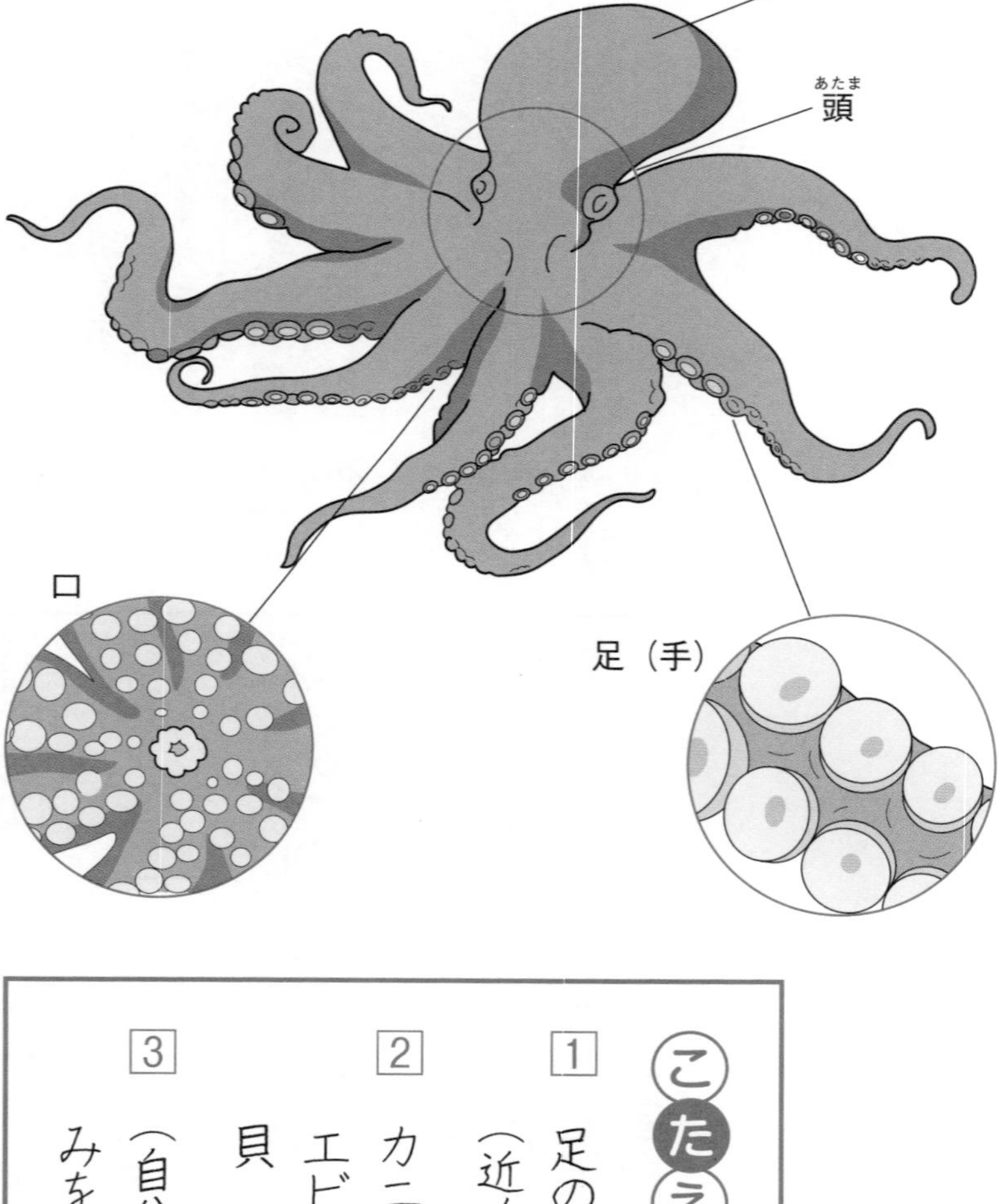

こたえ

1 足のつけね（近く）

2 カニ
エビ
貝

3 （自分の）みをまもる

14 しゃしんやさん（1）

しゃしんやさんは、正《しょう》ちゃんをすべり台《だい》の上へかけさせ、おねえさんにランドセルをしょわせて、下へ立たせました。おねえさんは小学一年生です。㋐「ぼっちゃん、お口をふさいで。」と、しゃしんやさんが言《い》いますと、正ちゃんは、ああんと口をあけました。「ぼっちゃん、いい子ですから、わらってくださいね。」と、しゃしんやさんが言いますと、正ちゃんは、したをぺろりと出しました。これを見ていたお友《とも》だちは、㋑正ちゃんのわんぱくにあきれました。

小川未明

1 しゃしんやさんは、正ちゃんをどうさせましたか。（10点）

正ちゃんを

［　　　　］

2 ㋐はだれのことですか。（10点）

［　　　　］

3 ㋑のようすを二つ書《か》きましょう。（10点）

［　　　　］をあけた。

［　　　　］と出した。

★つぎの□にあてはまるどうぶつの名前《なまえ》をひらがなで書《か》きましょう。

① ふくろの□□□

おいつめられてにげることができないようす。

② □□□の ぎょう水

おふろに入る時間《じかん》がとてもみじかいこと。

こたえ

1 すべり台の上へかけさせた。

2 正ちゃん

3 ああんと口したをぺろり

①ねずみ
②からす
(答《こた》え)

15 どんなようす
しゃしんやさん（2）

月　日

点/30点

「さあ、うつしますね。」と、しゃしんやさんがうつそうとしました。

すると、正《しょう》ちゃんはするするするとすべり台《だい》をすべりました。しゃしんやさんはこまってしまいました。

しばらく考えていたしゃしんやさんは、すっかりうつすよういをしてから、

「さあ、ようくお母《かあ》さんのお顔《かお》をごらんなさい。」

と言《い》いました。

やさしいお母さんのお顔を見《み》ました。そのとたん、パチンと音がして「ようくとれました。」と、しゃしんやさんは、あいさつをいたしました。

小川未明

1　㋐は、何《なに》をしようとしましたか。（10点）

［　　　　］

2　㋑は、だれが、だれに何《なに》と言いましたか。（15点）

［　　　］が［　　　］に、［　　　］を見るようにと言いました。

3　㋒は、何を見ましたか。（5点）

［　　　］のお顔

クロスワード

タテのかぎ

1 どうぶつ。「百じゅうの王」といわれる。

2 イカの出《だ》すすみの色《いろ》。「○○○くつ」

4 小さな石のこと。

6 海《うみ》の水からつくられる。おすもうさんが土ひょうにまくもの。

ヨコのかぎ

1 さばくにいるどうぶつ。コブがある。

3 赤や黄《き》や青などがある。「○○えんぴつ」

5 「うまい」ともいう。

7 花を紙《かみ》にはさんでおさえて、かわかしたもの。「○○ばな」

1 ら	2 く		✕
3 い		✕	4
5 お		6	
ん	✕	7	

こたえ

1 うつそうとした

2 しゃしんやさん
正ちゃんに
お母さんのお顔

3 （やさしい）
お母さん

（答え）

1 ら	2 く	だ	✕
3 い	ろ	✕	4 こ
5 お	い	6 し	い
ん	✕	7 お	し

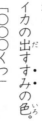

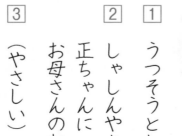

16 どんなようす
人気者のラッコ

月　日

点/30点

イタチやビーバーのなかまで、海《うみ》にすんでいるのはラッコだけです。

およぎがあまりうまくないので、㋐食《た》べものは、貝などのつかまえやすいものです。ねむる時《とき》は、海《かい》そうを体《からだ》にまきつけてながされないようにします。

水ぞくかんで、ラッコが貝などを食べるようすは人気があります。あおむけにうかんで、はらの上にかたい石をのせ、それに貝をたたいてカラをわり、㋑みをとり出して食べます。

また、おなかの上に子どもをのせて、海の上で子そだてをするようすも、とても人気があります。

---

1 ㋐は、なぜですか。（5点）

［　　　　］から

2 ラッコは、ねむる時にはどのようにしますか。（5点）

［　　　　］

3 ㋑は、どうやってしますか。（10点）

はらの上に［　　　　］をのせ、［　　　　］カラをわる。

4 食べることのほかに、どんなようすに人気がありますか。（10点）

［　　　　］ようす

ラッコは北海道《ほっかいどう》の北《きた》のつめたい海《うみ》にすんでいます。

そのため、体中《からだじゅう》くまなくわた毛《げ》とよばれるふわふわした毛《け》でつつみ、体をまもっています。

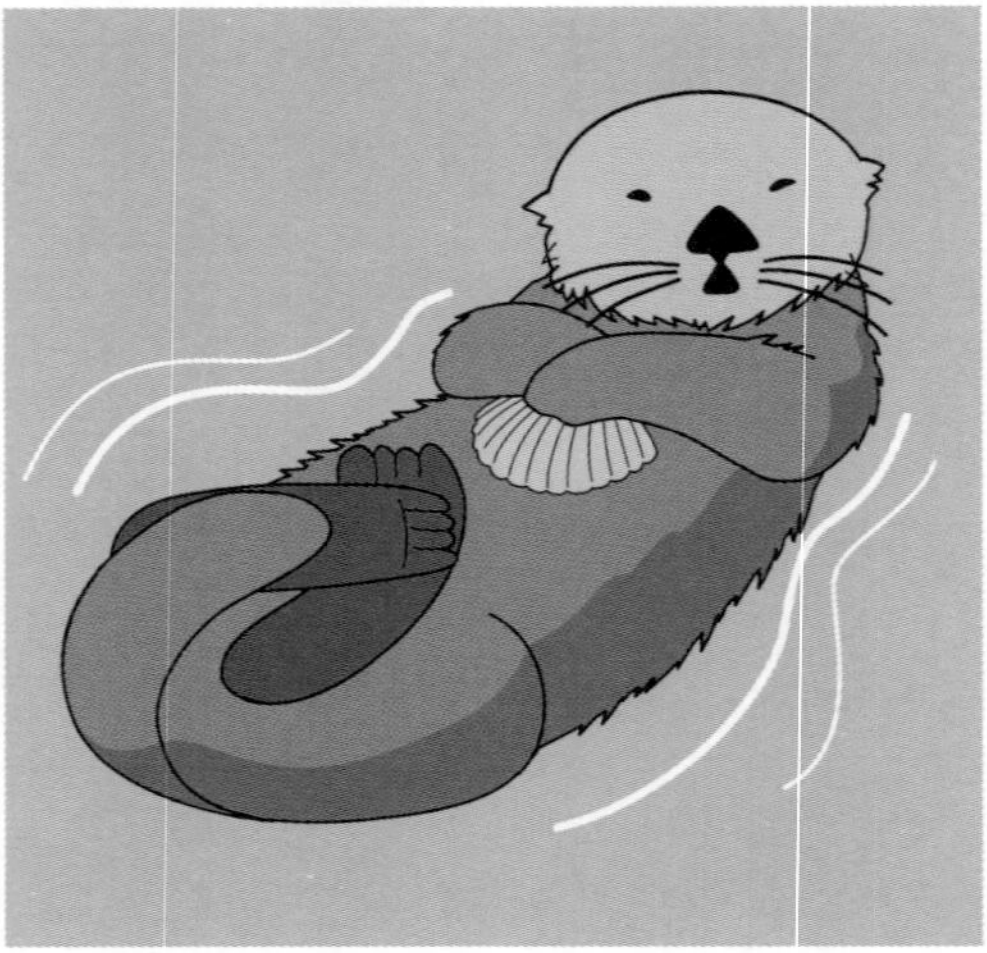

こたえ

1 およぎがあまりうまくない
2 海そうに体をまきつける
3 かたい石
貝をたたいて
4 海の上で子そだてする

17 とんなようす

いろいろなおにごっこ

みなさんは、どんなおにごっこをしてあそんでいますか。ふつうのおにごっこは、はじめに一人のオニをきめ、にげている子にタッチすればオニを交《こう》たいします。

しかし、なかには、タッチされてつかまった子もオニになる「ふえおに」や、つかまった子は、その場《ば》でこおる「こおりおに」もあります。

また、オニが、にげる子をつかまえることのできない場しょを作《つく》る「高《たか》おに」などもあります。

---

1 ふつうのおにごっこはどのようにしますか。（15点）

［　　　］のオニが、

［　　　］にタッチして、オニを［　　　］する。

2 1のほかに、どのようなおにごっこがありますか。上の中から、三つ名前《なまえ》を書《か》きましょう。（15点）

［　　　］

［　　　］

［　　　］

★同《おな》じ組《く》み合《あ》わせをさがしましょう。

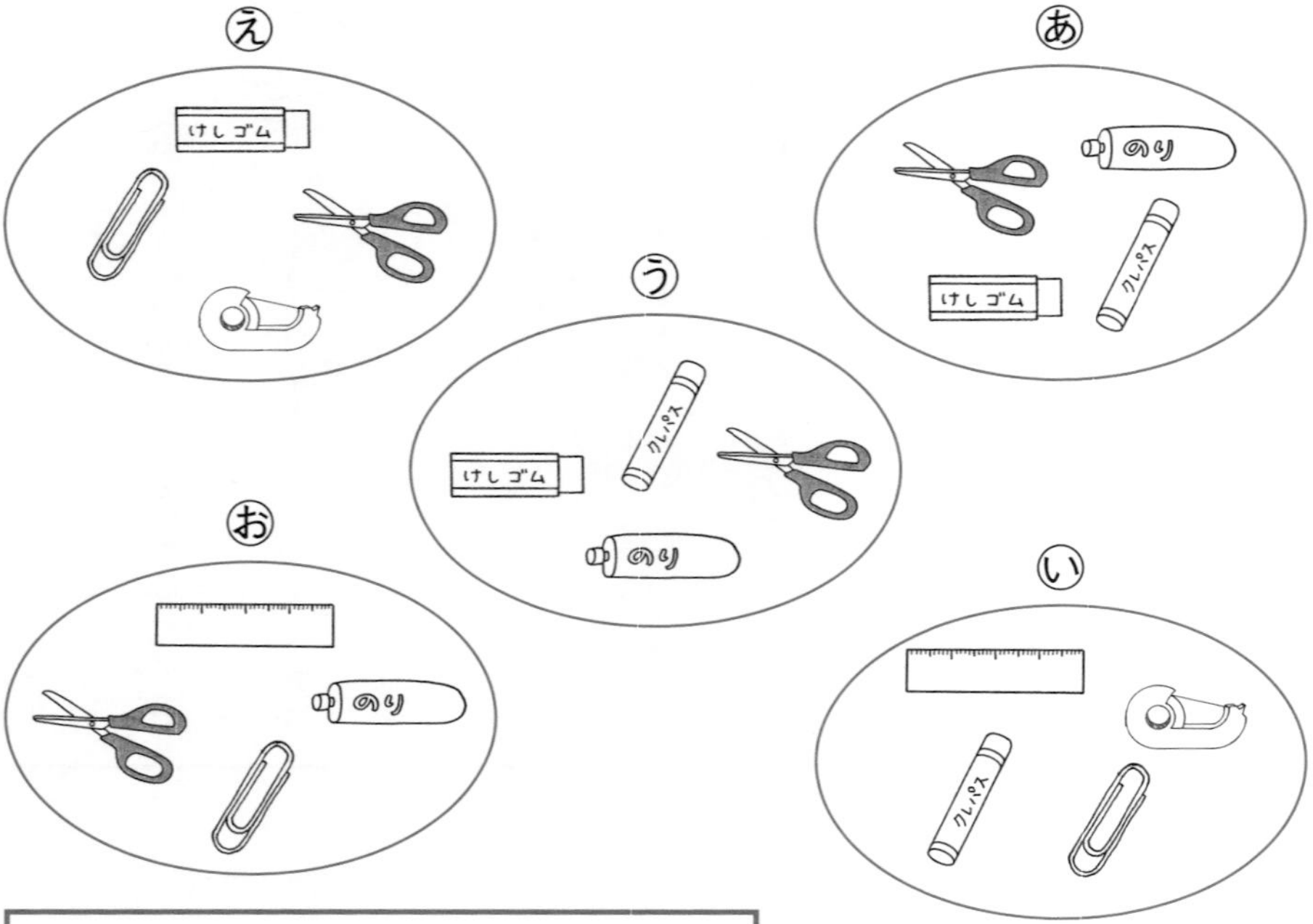

〔　　と　　〕

（答《こた》え）あ と う

こたえ

1 一人
にげている子
交たい

2 ふえおに、こおりおに
高おに
（じゅん番は　じゆう）

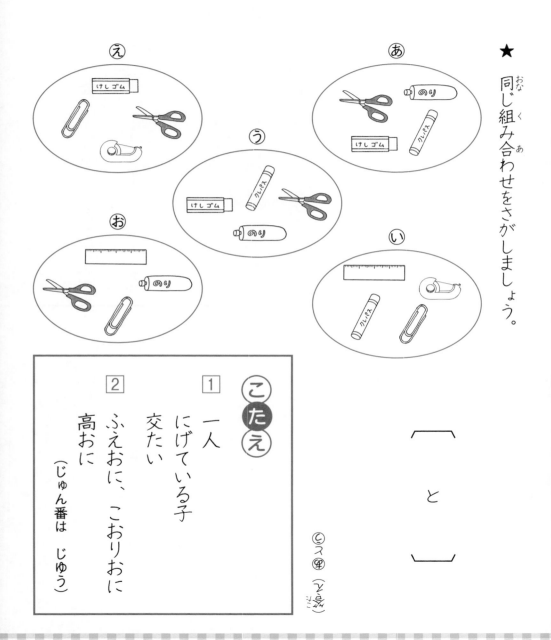

てつぼうのれんしゅう

はんで、てつぼうのれんしゅうをした。わたしは、こうもりふりおりをいっしょうけんめいれんしゅうした。みんなが、おうえんしてくれた。ふく田くんは、「頭《あたま》は上がってきているから、おりるときにすぐ手をつかないように」とか、ア やり方《かた》も教《おし》えてくれた。

イ わたしが、しっぱいして、ひざをうったりしたときも、はんのみんなが、とても心《しん》ぱいしてくれた。うれしくて、なみだがポロッと出た。

1 わたしは、てつぼうで何《なに》のれんしゅうをしたのですか。（10点）

［　　　　］

2 アで、やり方も教えてくれたのは、だれですか。（10点）

［　　　　］

3 イのとき、はんのみんなはどうしてくれましたか。（10点）

［　　　　］くれた。

〈こうもりふりおりのしかた〉

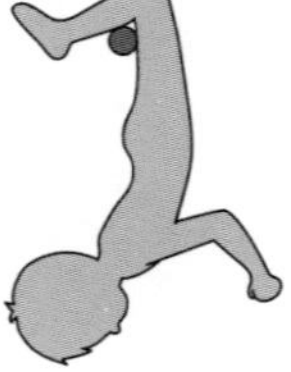

①ぶら下がり

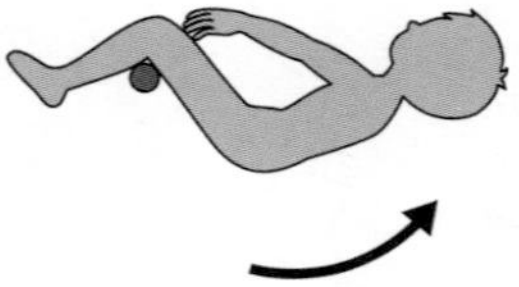

②上を見る

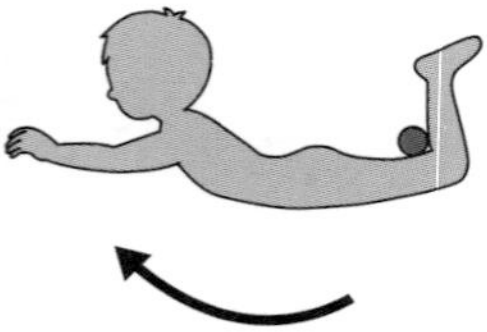

③顔《かお》をあげる
遠《とお》くを見る

④こうもりふりおり
てつぼうから
足をはなす

こたえ

1 こうもりふりおり

2 ふく田くん

3 とても心ぱいして

かりてきたネコ

「かりてきたネコ」という言《い》い方《かた》を聞《き》いたことがありますか。「かりてきたネコ」とは、ふだん元気《げんき》な子が、お友《とも》だちの家《いえ》にあそびに行《い》って、おとなしくしているようすを言います。

むかしはネズミをとるために、よく㋐ネコをかしたり、かりたりしていたようです。

よその家につれていかれたネコはきゅうにおとなしくなってしまいます。そのようすから㋑生まれたことばです。

---

1 かりてきたネコは、どんなようすですか。（10点）

［　　　　　　　　　］［　　］ようす。

2 ㋐は、何《なに》のために、かしたり、かりたりしていたのですか。（10点）

［　　　　　　　］ため

3 ㋑は、どのことばですか。（10点）

［　　　　　　　］

★ たてからよんでも、よこからよんでも合《あ》うことばを書きましょう。

①

たて：大きなとり／こしかけ

よこ：大きな石／まき○○

い	わ
す	し

②

たて：や○○／○○ぐるま

よこ：○○こじぞう／○○やき

③

たて：○○がしま／○○ずきん

よこ：○○ぞら／○○のよこあるき

(答《こた》え)

②

か	さ
た	い

③

あ	お
か	に

こたえ

1 おとなしくしている

2 ネズミをとる

3 かりてきたネコ

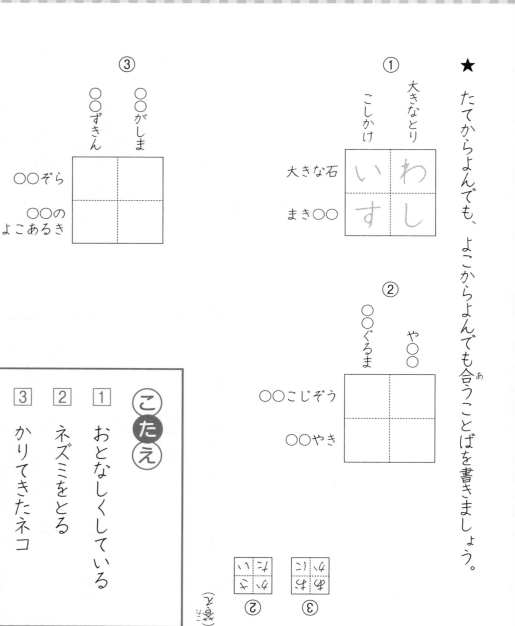

どんなようす

ちょ金ばこはくぶつかん

せかいのめずらしいちょ金ばこを二《に》千《せん》五《ご》百《ひゃく》点《てん》もあつめた㋐はくぶつかんがあります。

ゾウ、ブタ、タヌキなど、㋑どうぶつのちょ金ばこが、ところせましとならんでいます。

えんぎがよいと言《い》われるカメのちょ金ばこは、へやのかざりとしてもつかわれます。

からくりちょ金ばこもあります。てつで作《つく》られたゾウのしっぽを引《ひ》くと、㋒はなにのせたコインがせなかのあなにおちるものや、コインを入れるとイヌがジャンプしてわをくぐるものもあります。

---

1 ㋐は、何《なに》をあつめたはくぶつかんですか。（10点）

□□□□□

2 ㋑は、何がどのようにならんでいますか。（10点）

何が

［　　　　］

どのように

［　　　　］

3 ㋒は、何をどうすると、そうなりますか。（10点）

［　　　　］

からくりちょ金ばこ

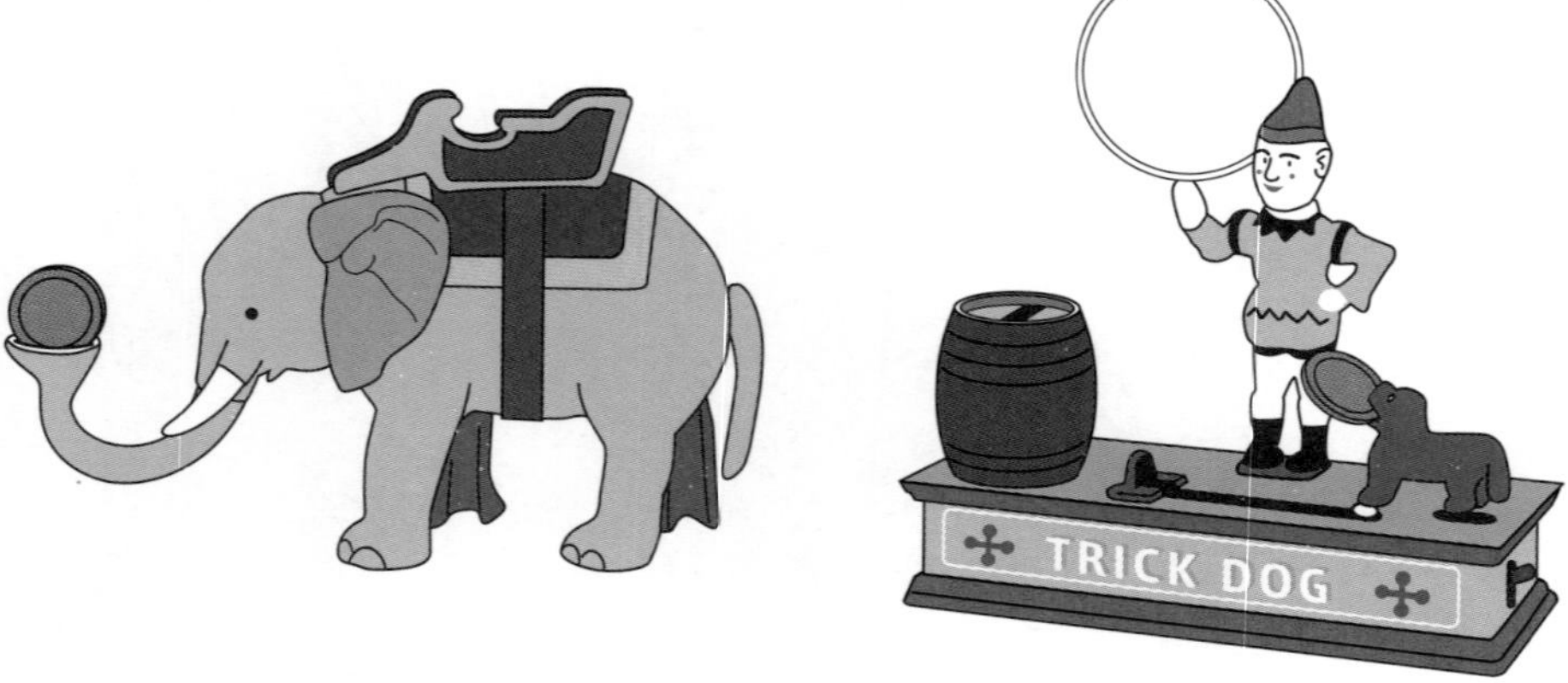

しかけで、おもしろいうごきをします。

こたえ

1 ちょ金ばこ

2 どうぶつのちょ金ばこ
ところせましと

3 （ゾウの）しっぽを引くと

21 じゅんじょ パン工場

月　日

点/30点

パン工場《こうじょう》のしごとです。

まず、小麦《こむぎ》こと、さとうやバターを入れてこねます。これを「きじ」といいます。でき上がったきじは、あたたかいへやに入れてふくらませます。

つぎに、ふくらんだきじを同《おな》じ大きさに切《き》ります。そして、パンのかたに入れて、もう一どふくらませます。

それから、オーブンにかけてやき上げます。やき上がったパンは、ふくろにつめてできあがりです。

1 ㋐のようにしたものを何《なに》といいますか。(5点)

2 つぎに、ふくらんだ 1 をどうしますか。(10点)

［　　　　］

3 何をつかってやき上げますか。(5点)

4 ㋑は、どうしますか。(10点)

［　　　　］

パンの作りかた

① こねる
ざいりょう（小麦《こむぎ》こ・さとう・バターなど）をこねる

② ふくらませる
きじをあたたかいところにおいて、ばいの大きさにふくらませる

③ 分《わ》ける
ふくらんだきじをガスぬきをしながら同《おな》じ大きさに分ける

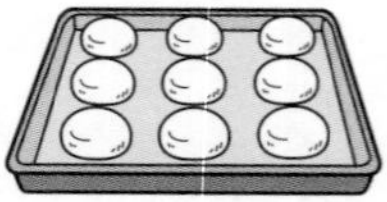

④ ふくらませる
形《かたち》を作《つく》って、また、ふくらませる

⑤ オーブンでやく

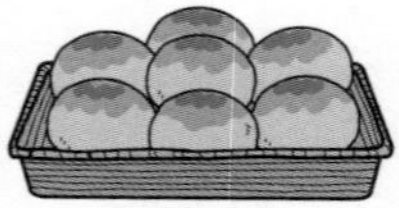

こたえ

1 きじ
2 同じ大きさに切る
3 オーブン
4 ふくろにつめる

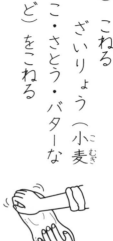

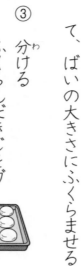

じゅんじょ

へんしん人形

あつ紙《がみ》で人形《にんぎょう》を作《つく》りましょう。あつ紙を切《き》りぬいて作った㋐人形に、光《ひかり》を当《あ》ててスクリーンにうつします。あなをあけて、セロハンをはりつけたところは、㋑色《いろ》がつきます。

人形をスクリーンに近《ちか》づけたり、はなしたりすると、かげが大きくなったり、小さくなったりします。くるくる回《まわ》すと、絵《え》がかわるへんしんかげ絵も作れます。

みなさんも、色つきへんしんかげ絵であそびましょう。

---

1 ㋐は、どのようにして作りますか。（10点）

□□□を□□□□□作る。

2 何《なに》を当ててスクリーンにうつしますか。（10点）

□

3 ㋑で、どんなところに色がつきますか。（10点）

□□□□□て、□□□□をはったところ。

〈作り方〉

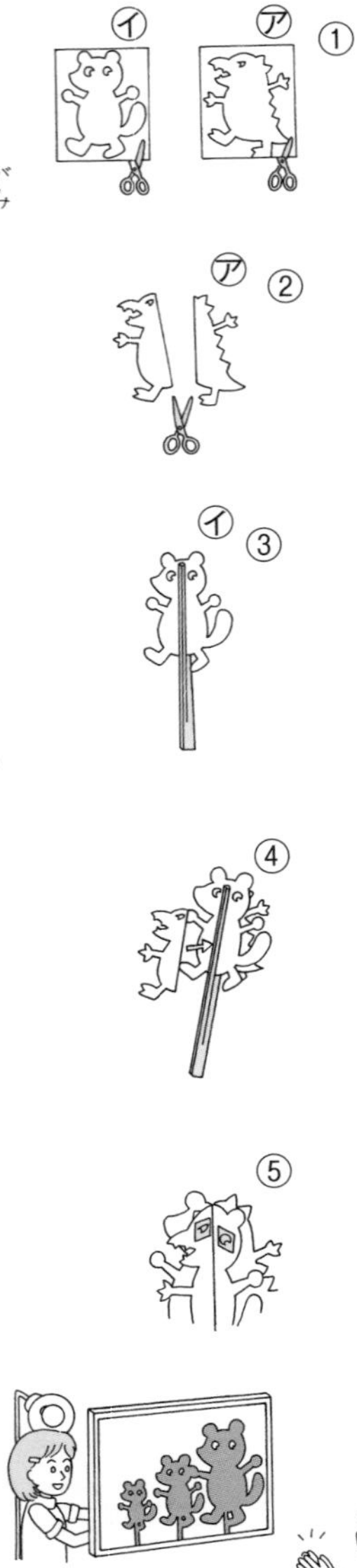

あつ紙《がみ》とわりばし、はさみにテープを用《よう》いします。

① ㋐と㋑絵《え》を切《き》りましょう。
目なども切りぬきます。

② ㋐を半分《はんぶん》に切りましょう。

③ ㋑をわりばしにはさみます。

④ ㋐をテープで㋑と十の形《かたち》になるようわりばしにはります。

⑤ 目などを、切りぬいたところに、色《いろ》のついたセロハンをはります。

こたえ

1 あつ紙
切りぬいて

2 光

3 あなをあけ
セロハン

23 じゅんじょ ペリカンのえさとり

大きく、長《なが》いくちばしをもったペリカン。この鳥《とり》のえさとりはおもしろい。

まず、みずうみや、ぬまのあさいところにあつまって、よこ一れつにならぶ。そして、大きな羽《はね》をばたつかせて魚《さかな》たちをあさせにおいこむ。

このとき、頭《あたま》を水の中に入れて、くちばしを大きくひらいて、くちばしの下がわのふくろをつかってたくさんの魚をすくいとる。それから、口をとじて、魚だけのこして水をながす。まるで、あみですくいとるようだ。

1 ペリカンはどんなくちばしをもっていますか。（10点）

〔　　　　〕くちばし

2 ペリカンのえさとりを、正しいじゅんに番《ばん》ごうをつけましょう。（20点）

（　）くちばしを大きくひらいて魚をすくう

（　）あさいところにあつまって、よこにならぶ

（　）大きな羽をばたつかせて魚をあさせにおいこむ

（　）口をとじて、魚だけのこして水をながす

〈ペリカン〉

口ばしの下にふくろがついています。
これで魚《さかな》をすくいます。

こたえ

1 大きく、長い

2 じゅんに
3 1 2 4

24 じゅんじょ おみそしる作り

きのう、おみそしるを作《つく》った。

まず、とうふを手のひらにのせて、ほうちょうでたてに二つ、よこに八つに切《き》った。とちゅうに、ほうちょうが手のひらにふれたけれど、だいじょうぶだった。

つぎは、ネギを切った。白いねのところをとって、一センチメートルくらいのはばで切っていった。

それから、水の入ったなべに、とうふ、ネギを入れてにた。

さいごに、みそを入れてできあがりだ。

1 おみそしる作りで、まず何《なに》をしましたか。（10点）

□□□を

□□□□にのせて、

ほうちょうで切った。

2 つぎに、何をしましたか。（10点）

□□□□□□□。

3 さいごに、何を入れてできあがりでしたか。（10点）

□□

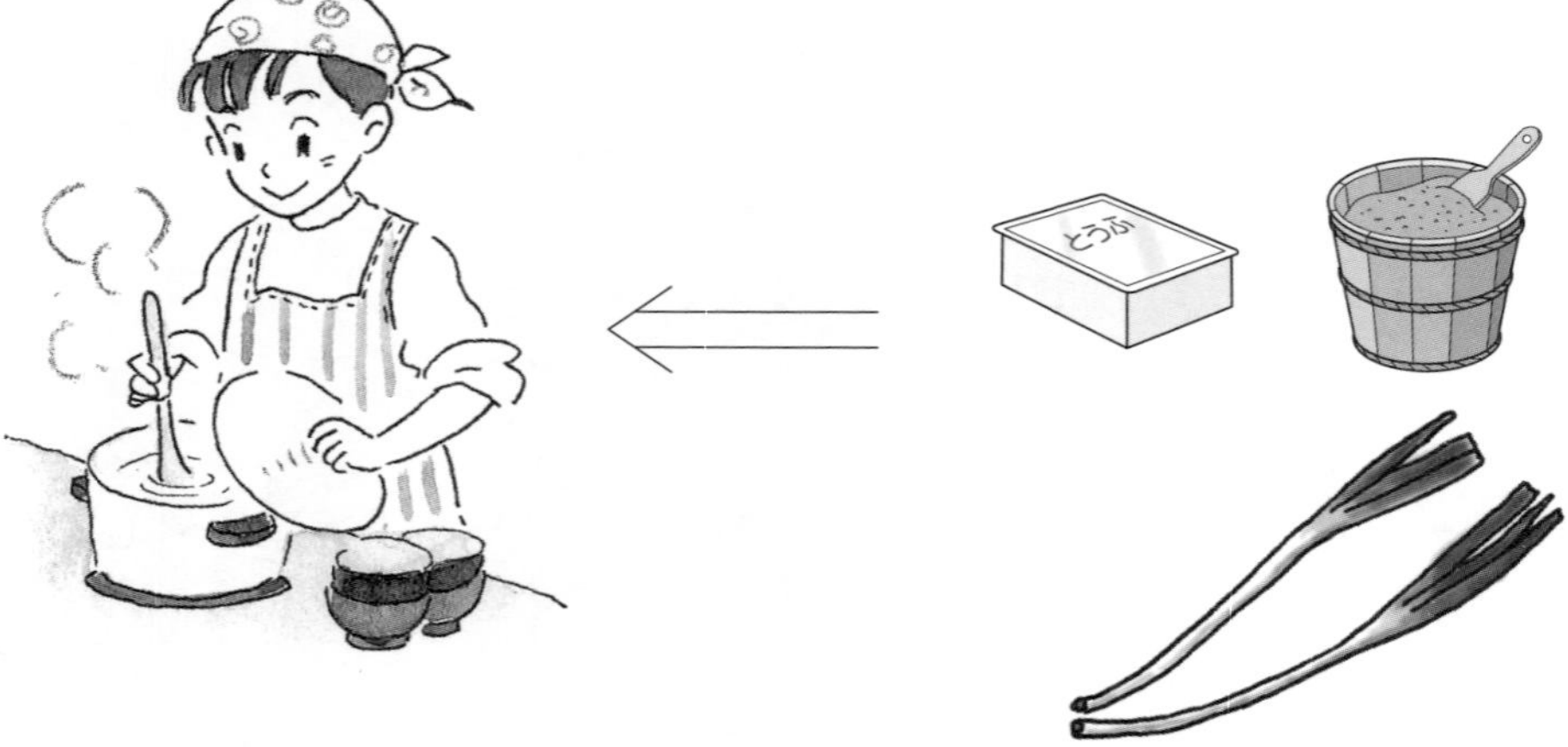

おみそしるのざいりょう

こたえ

1 とうふ　手のひら

2 ネギを切った

3 みそ

25 じゅんじょ
ミツバチのダンス

月　日

点/30点

花のみつや花ふんは、ミツバチにとって㋐大切《たいせつ》な食《しょく》りょうです。

花にとまると、ストローのような口をのばしてみつをすい、体《からだ》についた花ふんを足でダンゴに丸《まる》めて後《うし》ろ足《あし》につけてすにもって帰《かえ》ります。

それから、すの上に出て、みつのありかを知《し》らせる○や8の字ダンスをします。

○は「花ばたけが近《ちか》い」、8は「花ばたけが遠《とお》い」をあらわす㋑しりふりダンスをはじめるのです。

そして、みんなで花ばたけをめざしてとんでいきます。

---

1 ㋐とは、何《なに》ですか。（10点）

［　　　　］や［　　　　］

2 つぎの文を、正しいじゅん番《ばん》になるよう、番ごうを書きましょう。（10点）

（　）すの上に出てダンスをする。

（　）みんなで花ばたけへとんでいく。

（　）食りょうをもって帰る。

3 ㋑は、何をあらわしますか。（10点）

○は、［　　　　］

8の字は、［　　　　］

〈ミツバチのダンス〉

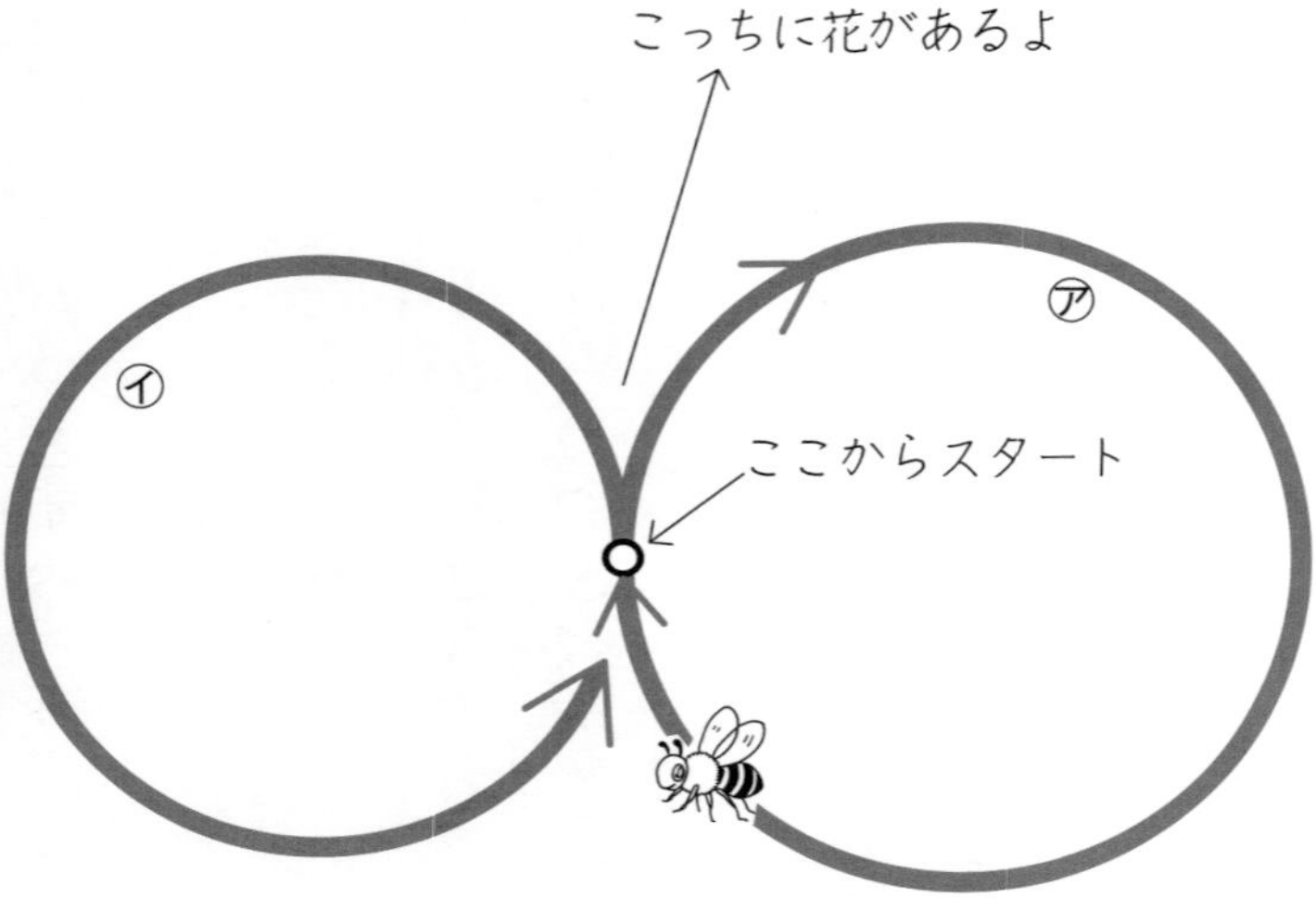

花ばたけの場《ば》しょが遠《とお》くの場合《ばあい》、図《ず》のような8の字ダンスをします。
おしりを左右にふりながら、まず㋐を回《まわ》り、つづいて㋑を回り8の形《かたち》になります。

こたえ

1 花のみつ　花ふん

2 2　3　1

3 花ばたけが近い
花ばたけが遠い

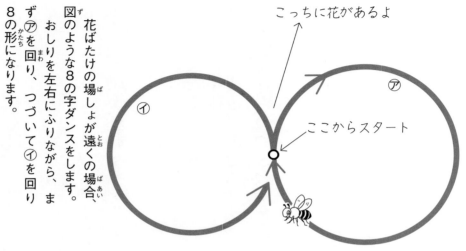

26 じゅんじょ マテガイとり

月　日

点/30点

しおひがりは、くま手などで、すなの中にもぐっているアサリやハマグリなどの貝をほり出します。

その中に、㋐かわった貝がいます。

この貝は、すなに小さなあなをあけて、もぐっています。

そのあなに、㋑しおを一つまみふりかけてやると、おどろいたマテガイがとび出して顔《かお》を見せます。

そのとき、㋒シャベルをつかってマテガイがあなのおくににげられないようにすくうのです。

とれたマテガイは、夕食《ゆうしょく》のおかずになります。

1　㋐は、何《なん》ですか。（10点）

〔　　　　　　〕

2　㋑は、どこに、何をしたからですか。（10点）

小さなすなの〔　　　　　　〕に

〔　　　　　　〕をふりかけたから。

3　㋒は、何のためにつかいますか。（10点）

マテガイが〔　　　　　　〕に

〔　　　　　　〕ないように。

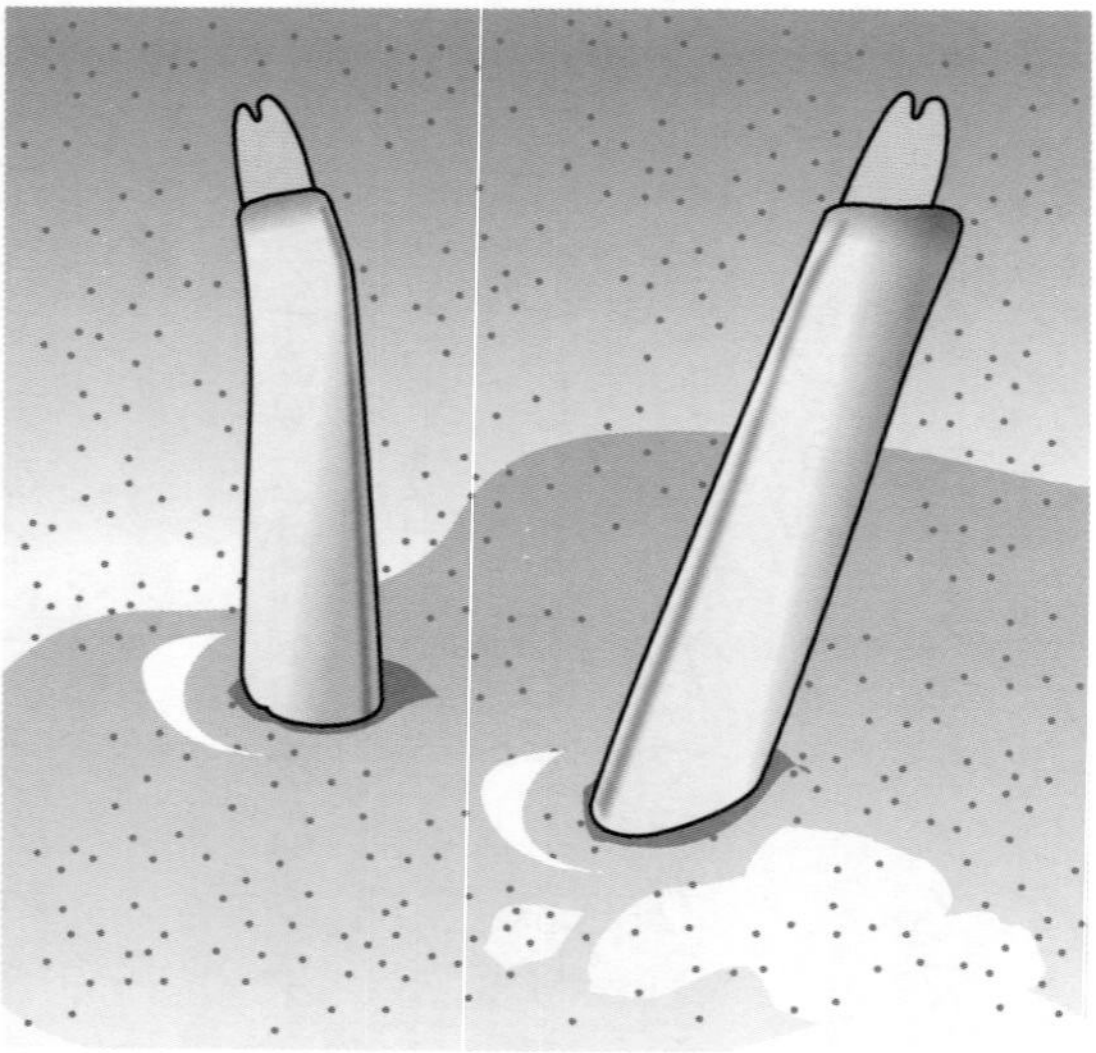

とび出したマテガイ

こたえ

1 マテガイ

2 あな
しお

3 あなのおく
にげられ

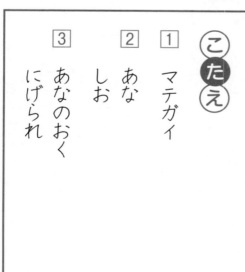

王さまとくつや

ある日、王さまはこじきのようなようすをして、一人で町へやってきました。町には小さなくつやが一けんあって、おじいさんがせっせとくつを作《つく》っておりました。王さまは、くつやの店《みせ》に入って、「これこれ、じいや、そのほうはなんという名前《なまえ》か。」

とたずねました。くつやのじいさんは、そのかたが王さまであるとは知《し》りませんでしたので、「人にものを聞《き》くなら、もっとていねいに言《い》うものだよ。」

と、つっけんどんに言いました。

新美南吉

1　㋐は、どんなようすでしたか。（10点）

［　　　　　　　　］ようす。

2　王さまは、何《なに》の店に入りましたか。（5点）

［　　　　］

3　㋑は、だれのことですか。（5点）

［　　　　］

4　㋒とは、王さまは、何を聞きましたか。（10点）

［　　　　］

★ □に合《あ》うかん字を、下の□からえらんで書《か》きましょう。

①
	男
女	□

②
	風
口	□

③
	出
花	□

子　車　火

(答《こた》え)
① 子
② 車　口車…人をごまかす話しぶり
③ 火　出火…火じがおこること

こたえ

1 こじきのような
2 くつや
3 (くつやの) おじいさん
4 おじいさんの名前

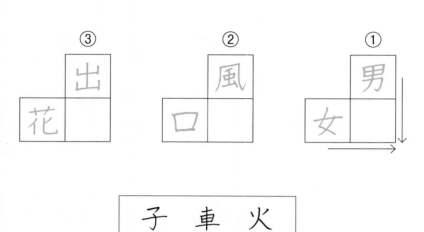

カエルのジャンプ

カエルには、高《たか》くジャンプする力がありますか。カエルが、みをまもるには、「にげるがかち」しかないのです。

カエルは、その強《つよ》く大きいジャンプでにげます。強く大きいジャンプは、長《なが》い後《うし》ろ足と、水かきからうまれます。人間《にんげん》とちがい、カエルは頭《あたま》がかるくできています。

㋐これらすべてが大きくジャンプをして、てきからにげる体《からだ》のつくりになっているのです。

1　カエルは、どのようにしてみをまもりますか。（10点）

［　　　］ことで、みをまもる。

2　何《なに》でにげますか。（10点）

［　　　　　］ジャンプ

3　㋐のこれらすべてとは何ですか。三つ書《か》きましょう。（10点）

・［　　　］

・［　　　］

・かるい［　　　］

〈カエルのジャンプ〉

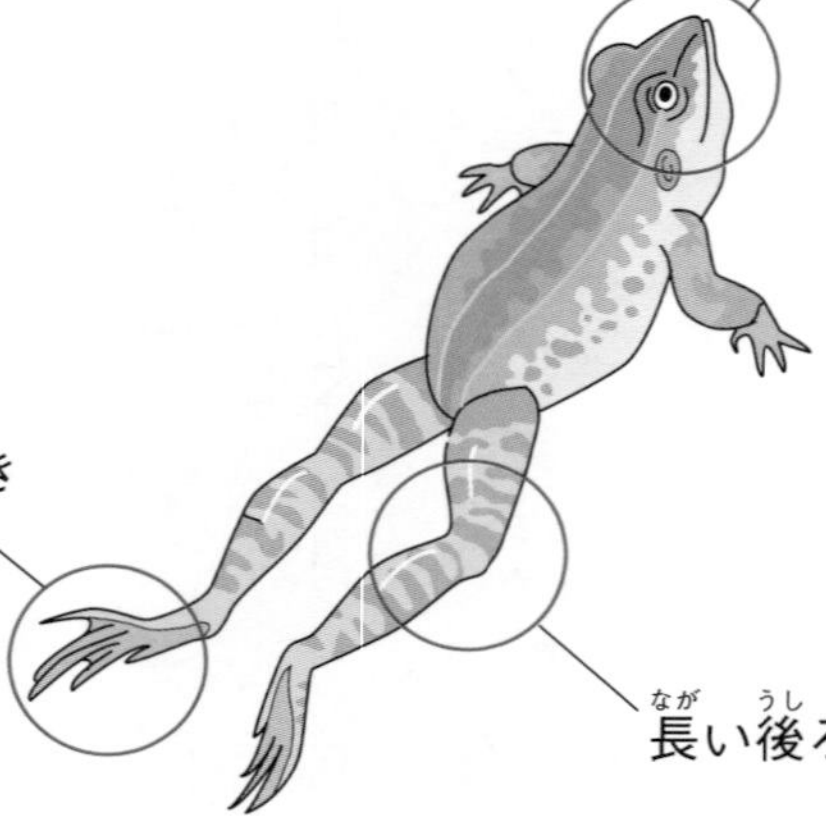

こたえ

1 にげる

2 強く大きい

3 長い後ろ足
水かき
頭

料金受取人払郵便

大阪北局
承 認
4911

差出有効期限
2026年5月31日まで
※切手を貼らずに
お出しください。

郵 便 は が き

5 3 0 - 8 7 9 0

156

大阪市北区曽根崎 2-11-16
梅田セントラルビル

清風堂書店
愛読者係 行

愛読者カード ご購入ありがとうございます。

フリガナ お名前		性別	
		年齢	歳
TEL		ご職業	
ご住所			
E-mail	@		

ご記入いただいた個人情報は、当社の出版の参考にのみ活用させていただきます。第三者には一切開示いたしません。

・学力がアップする教材満載の**カタログ送付を希望**します。☐

●ご購入書籍・プリント名

●ご購入店舗・サイト名等(　　　　　　　　　　　　　　　　　　　　)

●ご購入の決め手は何ですか？（あてはまる数字に○をつけてください）

1．表紙・タイトル　　2．内容　　3．価格　　4．SNS や HP
5．知人の紹介　　6．その他(　　　　　　　　　　　　　　　　)

●本書の内容には、ご満足いただけたでしょうか？（あてはまる数字に○をつけてください）

たいへん満足　5　4　3　2　1　不満

●本書の**良かったところ**や、**改善してほしいところ**を教えてください。

●ご意見・ご感想、**本書の内容に関してのご質問**、また今後**欲しい商品のアイデア**がありましたら、下欄にご記入ください。

※ご協力ありがとうございました。

★ご感想を小社 SNS、HP 等で匿名でご紹介させていただく場合もございます。

□ 可　　□ 不可

HP で他の商品もご覧いただけます。

★おハガキをいただいた方の中から、抽選で 20 名様に 1,000 円分の図書カードをプレゼント！当選の発表は、商品の発送をもってかえさせていただきます。

タンポポのちえ

春《はる》になるとタンポポは、はっぱをふやし、くきに黄色《きいろ》いつぼみもつけます。

そして、㋐花がさきおわったくきは、しばらくしおれたようにたおれています。

㋑その間《あいだ》にえいようをためて、たくさんの白いわた毛《げ》のついたタネをつけるのです。

やがて、くきはまたおき上がり、前《まえ》よりも高《たか》くのびます。そして、風《かぜ》がふいてくると、白いわた毛をパラシュートのようにして、㋒タネを遠《とお》くまでとばします。

1　㋐は、どうなると、そのようになりますか。（10点）

［　　　　］

2　㋑とは、どの間のことですか。（10点）

しおれたように［　　　　］間

3　㋒はどのようにして、タネを遠くまでとばしますか。（10点）

［　　　　］を［　　　　］のようにして。

えいようをためるタンポポ

こたえ

1 （黄色い）花がさきおわると

2 たおれている

3 白いわた毛
パラシュート

ダチョウ

鳥《とり》の中で一番《いちばん》大きい鳥、それはダチョウです。体《からだ》の大きさは、二メートルもあり、長《なが》い足で自《じ》どう車にまけないくらいのスピードで走《はし》ります。足の先には二本のゆびがあり、太《ふと》い方《ほう》のゆびには、がんじょうなツメがついています。走るときには、㋐この一本だけでダッシュします。ツメがスパイクのようにはたらきます。人をのせてダチョウが走るきょう走《そう》もあります。

1 ダチョウの体の大きさはどれくらいありますか。（5点）

〔　　　〕

2 足の先にゆびは何本《なんぼん》ありますか。（5点）

〔　　　〕

3 ㋐は、何のことですか。（10点）

□□□□□
□□□□□□□ゆび。

4 ツメは何《なに》のかわりをしますか。（10点）

□□□□

〈ダチョウ〉

食《た》べものは、おもに草やはっぱです。

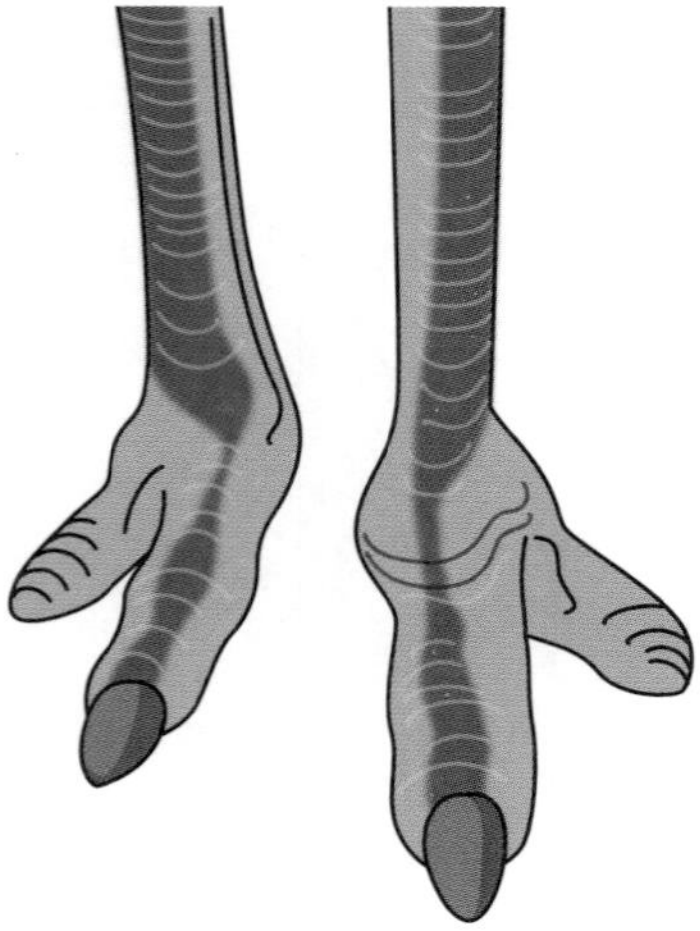

スパイクのようなツメ

こたえ

1 二メートル

2 二本

3 がんじょうなツメがついた

4 スパイク

31 こそあどことば

いろいろなバス

バスには、いろいろなものがあります。㋐ろ線《せん》バスは、通《とお》る道《みち》と時間《じかん》がきまっています。バスていに止《と》まり、㋑そこで、おきゃくがのったり、おりたりします。

かん光《こう》バスは、外《そと》がよく見えるように、大きなまどがついています。かん光バスは、いろいろなかん光地《こうち》を見て回《まわ》ります。二かいだてになったかん光バスもあります。㋒これは、けしきがとてもよく見えます。

1 ㋐は、どんなバスですか。

［　　　］と［　　　］がきまっているバス。（10点）

2 ㋑は、どこのことですか。

［　　　］（10点）

3 ㋒は、どのバスのことですか。

［　　　］（10点）

二かいだてかん光《こう》バス

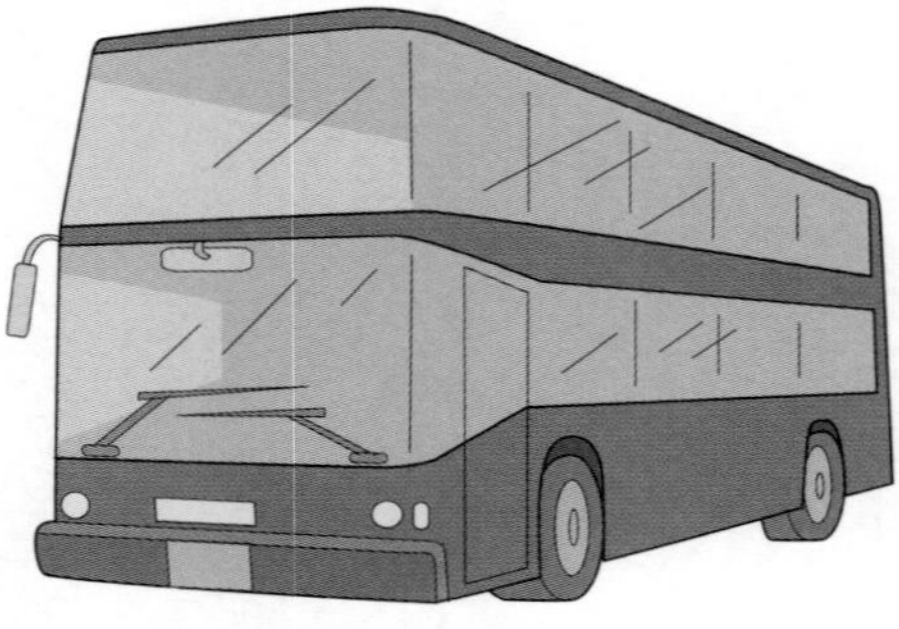

けしきがよく見えるように
まどが大きい

ろ線《せん》バス

のりおりしやすい

こたえ

1 通る道　時間

2 バスてい

3 二かいだてになった
かん光バス

カマキリのあわのかたまり

月　日

点/30点

　秋《あき》、かれた草に茶色《ちゃいろ》いかたまりがくっついていることがあります。

　㋐これは、何百《なんびゃく》というカマキリのたまごをまもる、あわのかたまりなのです。

　たまごを一こずつうむだけだと、虫や鳥《とり》などに食《た》べられてしまいます。その上、冬《ふゆ》のさむさでたまごがかえらないかもしれません。

　㋑あわのかたまりは、たまごをてきや、冬のさむさからまもっているのです。

　こうして、春《はる》になると何百というカマキリのよう虫がかえり、あわのかたまりから㋒出《で》てくるのです。

---

1 ㋐は、何《なに》ですか。（5点）

［　　　　］

2 ㋑は、何を何からまもりますか。（15点）

［　　　　］を

［　　　　］や、

［　　　　］から。

まもっている。

3 ㋒は、何がですか。（10点）

［　　　　］

〈カマキリのたまご〉

メスのカマキリは、たまごをかれ草にうみます。そのとき、かれ草にさかさにつかまって上から下へとうみます。そうするのは、たまごをうむときに楽《らく》だからです。

たまごのまわりのあわのかたまりは、てきからまもるだけでなく、かたまりの中にある空気で冬のさむさからもまもっているのです。

こたえ

1 茶色いかたまり

2 たまご
てき
冬のさむさ

3 カマキリのよう虫

ヒョウとチーター

月　日

点/30点

ヒョウは、チーターとよくまちがわれます。しかし、よく見ると体《からだ》のもようがちがいます。チーターのもようは黒《くろ》い点《てん》をしていますが、ヒョウの体やおしりのぶ分《ぶん》は、ドーナツのわのような形《かたち》になっています。

これは、チーターが草原《そうげん》でくらし、ヒョウは木の上でくらすことが多《おお》いからです。

ヒョウの体のもようは、木のえだやはのかげに、そのもようをうまくとけこませて、体をかくしているのです。

1　チーターとヒョウの体のもようは、どのようにちがいますか。（10点）

チーター［　　　　］

ヒョウ［　　　　］

2　なぜ、1のようにちがっているのですか。（20点）

［　　　　］は［　　　　］で、［　　　　］は［　　　　］でくらすことが多いから。

〈チーター〉

〈ヒョウ〉

ヒョウとチーターは、ネコのなかまです。しかし、くらす場《ば》しょやえもののつかまえ方《かた》はずいぶんちがいます。

ヒョウは、木のぼりがとくいです。えものをつかまえると、口にくわえて木の上にひき上げて食《た》べます。そのため、足は太《ふと》くてみじかくなっています。

チーターは、はやく走《はし》るのがとくいです。自《じ》どう車にまけないはやさでえものをつかまえます。そのため、足には、スパイクのようなつめがあります。

こたえ

1 チーター　黒い点
ヒョウ　ドーナツのわのような形

2 チーター　草原
ヒョウ　木の上

おふろあらい

きのう、お母《かあ》さんにたのまれて、おふろあらいをした。わたしはスカートがぬれないように、㋐体《たい》そうズボンでおふろ場《ば》に入った。まずさいしょに、せんをぬいて、水をながした。そして、ふろの中にすべらないように気をつけながら入った。つぎに、せんざいをブラシにつけて、まわりやそこを㋑ゴシゴシあらった。それから、せんざいを水でながした。

さいごに、そこにせんをしておゆを入れた。おふろあらいは、とても楽《たの》しかった。

1 なぜ、㋐のようにしたのですか。（10点）

［　　　　　　　　］ように。

2 さいしょに何《なに》をしましたか。（10点）

［　　　　］て、［　　　　］した。

3 ㋑は、どこをあらいましたか。（5点）

［　　　　］や［　　　　］

4 さいごに、どうしましたか。（5点）

［　　　　　　　　］

★ □に合《あ》うかん字を、下の□からえらんで書《か》きましょう。

①
図
地□

②
学
休□

③
文
赤□

形　校　字

こたえ

1 スカートがぬれない

2 せんをぬい
水をなが

3 まわり　そこ

4 （そこに）
せんをしておゆを入れた

（答《こた》え）

① 形　地形…海や山などの土地のようす

② 校　休校…学校が休みになること

③ 字　赤字…はいったお金より、出たお金がおおいこと

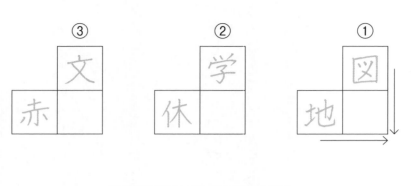

35 カタツムリ

月　日

点/30点

晴《は》れた日には、木のはのかげなどにかくれているカタツムリも、雨上がりや、しめり気の多《おお》い夜《よる》には、さかんに出てきます。えさのやわらかいわかばや、木のめをザラザラしたしたでけずりとって食《た》べるためです。

カタツムリは、もともと海《うみ》にすんでいる貝のなかまで、㋐いつも、体《からだ》がかわかないように、体をネバネバしたえきでつつんでいなければなりません。夜や雨の日にしか出てこないのは、そのためなのです。

---

1 晴れた日にはカタツムリはどこにいますか。（10点）

［　　　］の［　　］など。

2 どんなときにカタツムリは出てきますか。（10点）

［　　　］や、［　　　］

3 ㋐は、なぜですか。（10点）

［　　　］

カタツムリは、りくにすむ多《おお》くのまき貝のことをさします。デンデンムシ・マイマイなどともよばれます。

カラをもたないものをナメクジといってくべつしています。

多くのものが、しめり気をこのみますが、たくさんのしゅるいがあり、中には、岩山《いわやま》などにすむものもいます。

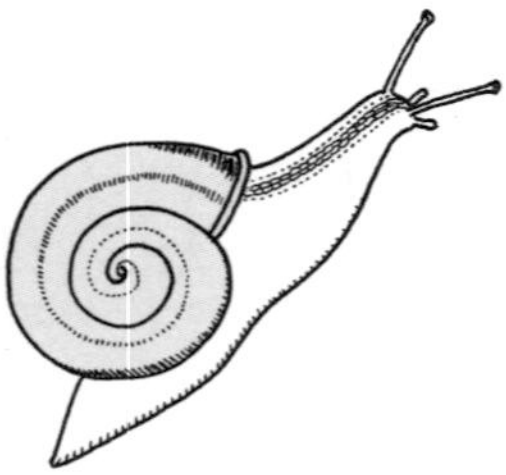

こたえ

1 木のは かげ

2 雨上がり
しめり気の多い夜

3 もともと海にすんでいる貝のなかまだから。

36 おむすびころりん

ある日、おじいさんがおとしたおむすびがころがって、あなの中におちてしまいました。

㋐があなをのぞくと、「おむすびころりん、うれしいな。」という声《こえ》が聞《き》こえました。

おどろいたおじいさんがあなの中にとびこむと、ねずみたちがおむすびをおいしそうに食《た》べていたのでした。

ねずみたちからおれいを言《い》われたおじいさんは、それから毎日《まいにち》、おむすびをおとしてやりました。

すると、㋑ねずみたちは、おれいのしなものをくれました。はこをあけてみるとたくさんの小ばんが入っていました。

---

1 ㋐には、だれが入りますか。（10点）

［　　　　］

2 おじいさんが見たものは、何《なに》が、何を食べていたところですか。（10点）

［　　　　］が［　　　　］を食べているところ。

3 ㋑は、なぜですか。（10点）

［　　　　］

おむすびころりん

このお話《はなし》には、つづきがあります。
おじいさんが小ばんをもらったことを聞《き》いたとなりのよくばりじいさんは、まねをして、ねずみのあな（国《くに》）に入りこみました。

ねずみたちは、よくばりじいさんに大きいはこと小さいはこを見せて、「おれいはどちらがいいですか」と聞きました。

よくばりじいさんは、りょう方《ほう》のはこをとってやろうと、ネコのまねをしました。しかし、しっぱいしてすべてをなくすことになってしまうのでした。

こたえ

1 おじいさん

2 ねずみたち
おむすび

3 毎日、おむすびをおとしてくれたから

モンシロチョウのたまご

月　日　　点/30点

モンシロチョウのメスは、一ミリメートルくらいの大きさのたまごをおよそ三百こ生みます。

㋐たまごがよう虫にかえったとき、いつでもエサを食《た》べられるように、キャベツなどのはに、㋑一まいに一こずつ生んでいきます。

それも、ハチやカメムシなどのてきに見つかり食べられないように、㋒はのうらにうみます。

それでも、せい虫にまでそだつのは、そのうちのたった二、三びきです。

ゆうがにとんでいるモンシロチョウも、きびしい自《し》ぜんの中で生《い》きているのです。

---

1 ㋐の大きさは、どれくらいですか。（5点）

［　　　　］

2 ㋐を、何《なに》のはにうみますか。（5点）

［　　　　］

3 ㋑は、なぜですか。（10点）

［　　　　］がいつでも［　　　　］を食べられるように。

4 ㋒は、なぜですか。（10点）

てきに［　　　　］

モンシロチョウ

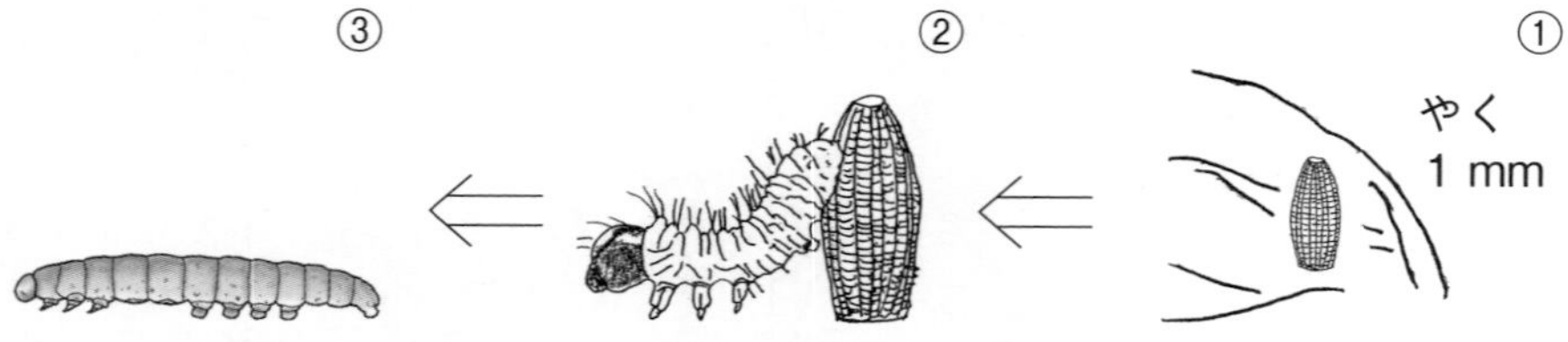

こたえ

1 一ミリメートル

2 キャベツ（など）

3 よう虫
エサ

4 見つかり
食べられないように

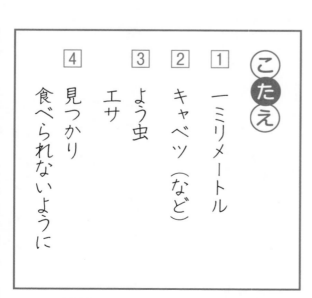

ニホンメダカ

メダカは、目が頭《あたま》の上、高《たか》いところにあるので、そうよばれています。

水のながれのゆるやかなところで、㋐ならんでおよぐことから、「メダカの学校」という歌《うた》にもなっていて、みんなよく知《し》っている魚《さかな》です。

春《はる》になるとなかまと、㋑田んぼをめざして小川のながれにまけないように、がんばってさかのぼります。

そして、田んぼの水がなくなる秋《あき》になると、また、ため池《いけ》や小川にもどります。

しかし、さいきんは日本《にほん》にむかしからいる㋒ニホンメダカの数《かず》がとてもへってきています。

---

1 なぜメダカとよばれるのですか。（10点）

目が［　　　　］、［　　　　］から。

2 ㋐は、どんなところでですか。（10点）

［　　　　］ところ

3 ㋑は、いつですか。（5点）

［　　　　］

4 ㋒は、何《なに》がですか。（5点）

［　　　　］の数。

ニホンメダカ

さいきんでは、田んぼやはたけのまわりの用水《ようすい》ろがコンクリートでかこまれていたり、ため池《いけ》がなくなっていたりで、メダカのすむ自《し》ぜんがへり、そのためメダカが見られなくなってきています。

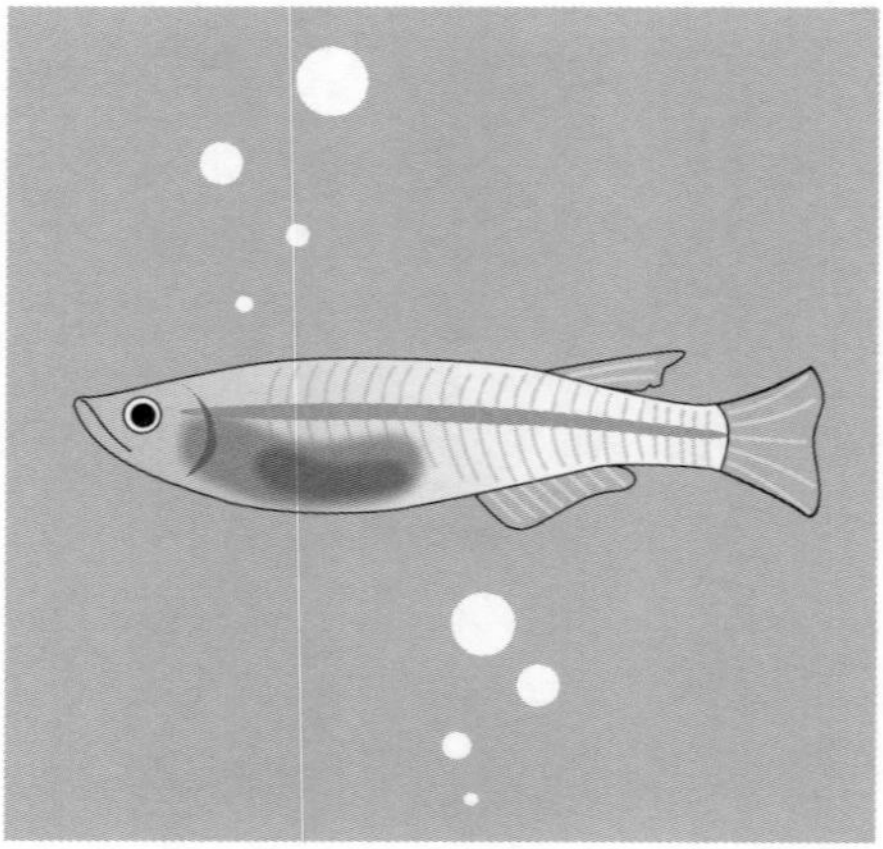

こたえ

1 頭の上
高いところにある

2 水のながれのゆるやかな

3 春

4 ニホンメダカ

なぜ・りゆう

シオマネキ

月　日

点/30点

シオマネキはカニのなかまです。すなはまや、ひがたにすんでいて、こうらほどもある、㋐大きなはさみをもっています。そして、まるで「しおが早くみちてくるようにと、手をふっているようにも見える」ことから、そのようによばれています。

大きなはさみをもっているのはオスで、㋑はさみをふってメスをよんでいるのです。てきは、はまにいる鳥《とり》たちで、見つけるとす早くどろや、すなの中にみをかくします。

1　シオマネキは、何《なに》のなかまですか。（5点）

2　どこにすんでいますか。（10点）

や　　　　。

3　㋐は、どれくらいですか。（5点）

ほどもある。

4　㋑は、なぜですか。（10点）

を　　　　ため。

〈シオマネキ〉

★ 右のハサミが大きいものや、左のハサミが大きいものがいます。

また、ハサミの色《いろ》によって、よび名もかわります。

- ハクセンシオマネキ
- ベニシオマキ

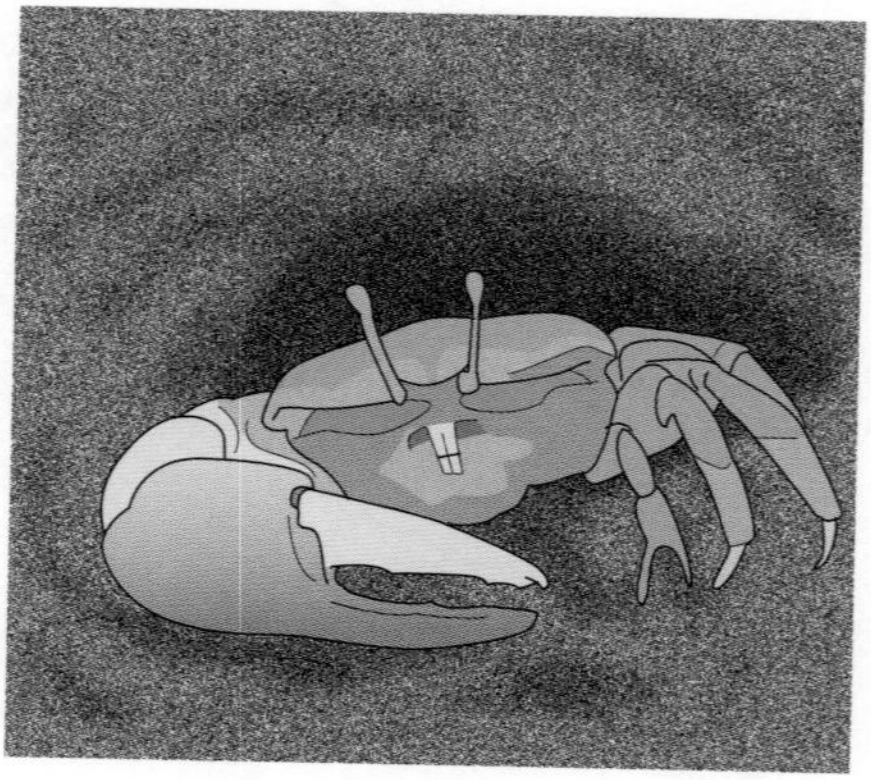

こたえ

1 カニ

2 すなはま ひがた

3 こうら

4 メス よぶ

こん虫のへんしん

月　日

点/30点

こん虫はふつう、草むらや木の上にくらしています。鳥《とり》は、たくさんのこん虫を食《た》べて生きています。鳥の目はとてもよくて、こん虫のうごきを見つけてとらえます。

そこで、みどりの草の中にすむこん虫はみどり色《いろ》に、かれ草や土の上にすむこん虫は茶色《ちゃいろ》にと、㋐体《からだ》の色をまわりの色に合《あ》わせます。

これでは、鳥もかんたんに見つけることができません。

---

1 こん虫はふつうどこにくらしていますか。（10点）

［　　　］や［　　　］。

2 鳥は何《なに》を食べて生きていますか。（10点）

〔　　　〕

3 なぜこん虫は㋐のようにするのですか。（10点）

鳥が、［　　　］に［　　　］ができないように。

こん虫のへんしん

みどり色のはにとまったカマキリ。体《からだ》の色は、みどり色になっています。

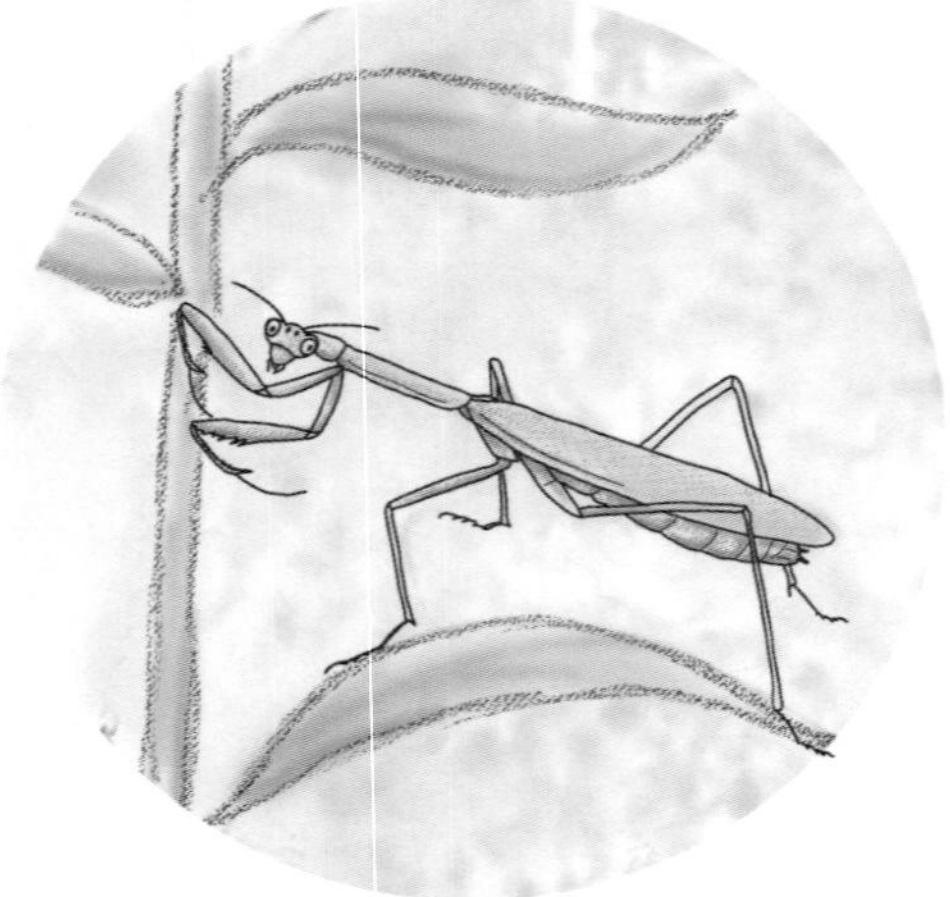

茶色《ちゃいろ》のえだにとまっていると茶色になり、えだとまちがえる体つきになっています。

こたえ

1 草むら　木の上

2 （たくさんの）こん虫

3 かんたん
見つけること

そつごつもんだい

しぶガキとカラス

秋《あき》もふかまると、しぶガキのみも赤《あか》く、やわらかくじゅくします。まだ青《あお》いうちは見むきもしなかったカラスが、いっせいにⓐ食《た》べにやってきます。

これは、ⓘみが青いカキは、まだタネができあがっていないし、かたくて食べられないからです。

じゅくしたしぶガキは、カラスに食べられますが、鳥《とり》にははがないので、タネは、そのままの形《かたち》でふんといっしょに出てきます。

これは、カラスは食べものにありつけるし、しぶガキはタネをあちらこちらにばらまいてもらえるので、ⓤどちらにもよいことなのです。

---

1 ⓐのとき、カキのみがどうなっていますか。（10点）

赤く、〔　　　　〕します。

2 ⓘのタネはどんなですか。（10点）

まだタネが

〔　　　　〕。

3 ⓤを、それぞれ書《か》きましょう。（10点）

カラス

〔　　　　〕

しぶガキ

〔　　　　〕

〈しぶガキとカラス〉

しぶガキがじゅくしてやわらかくなったものは、「じゅくしガキ」といってあまいです。人間《にんげん》もよく食《た》べます。

カラスもそれをよく知《し》っていて、秋《あき》のおわりころにカラスがカキ食べているところが見られます。

こたえ

1 （やわらかく）じゅく

2 できあがっていない

3 食べものにありつける

タネを（あちらこちらに）ばらまいてもらえる

42 カキの見はり

お父《とう》さんに、カキの見はりをたのまれた吉四六《きっちょむ》さん。ところが、子どもたちをよびあつめ、カキをとらせてやりました。

帰《かえ》ってきたお父さんが、

「一日中、木の下にいたのか？」と聞《き》くと、

「はい。じっとカキの木を見ていました。」と、答《こた》えた吉四六さん。

お父さんが、㋐「えらいぞ。」とかん心《しん》して、ふとカキの木を見上げると、カキがほとんどありません。

「これはどうしたことだ。」

「はい、子どもたちが、㋑カキをとっているところを、わたしが気をつけて見ていました。」

1 吉四六さんは、お父さんに何《なに》をたのまれましたか。（10点）

「　　　　」

2 ㋐は、吉四六さんがなんと答えたからですか。（10点）

はい。「　　　　」。

3 ㋑は、何をですか。（10点）

「　　　　」が、

「　　　　」ところ。

つぎのことばの中に、一つだけなかまではないことばがあります。

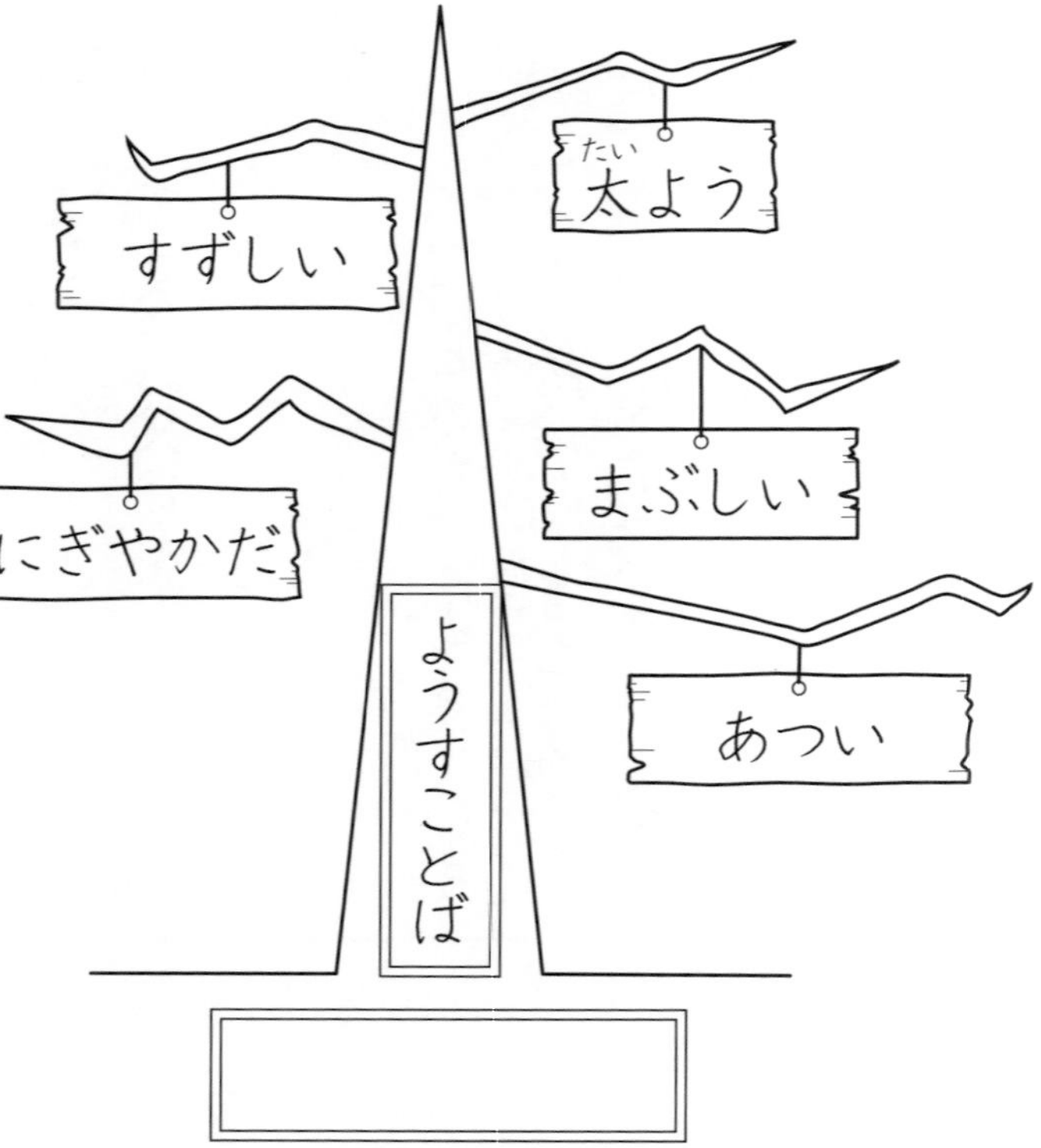

こたえ

1 カキの見はり

2 じっとカキの木を見ていました。

3 子どもたちがカキをとっている

（答《こた》え）　太よう

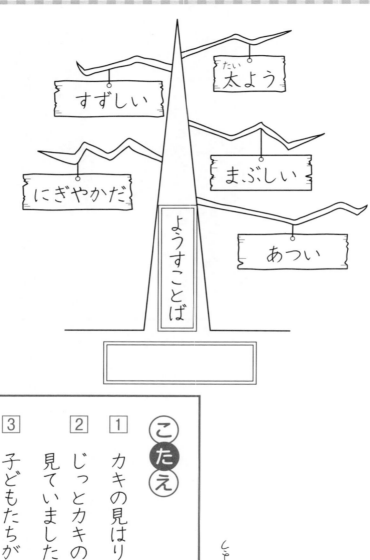

口はわざわいのもと

「カブトムシのたくさんいる場《ば》しょ」などのひみつを、友《とも》だちに話《はなし》してしまったとき、「口をすべらせる」などと言《い》います。㋐話してはいけないことをつい口に出してしまうことです。

そして、そういうことを何回《なんかい》もくりかえしていると、今《こん》どは、あの子は㋑「口がかるい」から気をつけるようにとか、言われるようになります。このようになってしまうと、また、べつの言い方《かた》で「口はわざわいのもと」とも言ったりします。

1　㋐を、何《なに》と言いますか。（10点）

[　　　　　　　]

2　㋑とは、どんなときに言われるのですか。（10点）

[　　　]などを[　　]も話してしまうとき。

3　何でもペラペラしゃべっていると、どのように言われますか。（10点）

口は[　　　　]のもと。

★かん用《よう》くをなぞりましょう。

口がすっぱくなる
…同《おな》じことを何《なん》ども言《い》うこと

口車にのる
…うまくだまされること

口火を切《き》る
…まっ先にはじめること

口がへらない
…つぎつぎとへりくつを言うこと

こたえ
1 口をすべらせる
2 ひみつ 何回
3 わざわい

なきずもう

じん社《じゃ》にある土ひょうに、㋐おすもうさんにだっこされた赤《あか》ちゃんが、はちまきとまわしすがたであらわれます。

土ひょうに上がる前《まえ》からないている子《こ》、きょとんとしている子、ニコニコしている子など、㋑赤ちゃんの顔《かお》つきはとてもゆたかです。

土ひょうに上がり、「はっけよい、のこった」の声《こえ》ではじまります。赤ちゃんをだっこしたおすもうさんが、おもしろおかしくうごくと、たいていの子はなきだしてしまいます。

なきずもうは、赤ちゃんがしっかりなくことで、「元気にそだつ」ようにねがうぎょうじなのです。

---

1 ㋐は、どんなすがたですか。（10点）

「　　　　」と「　　　　」すがた。

2 ㋑のどんな子がいますか。（15点）

「　　　　」子

「　　　　」子

「　　　　」子

3 なきずもうは、何《なに》をねがうぎょうじですか。（5点）

赤ちゃんが、「　　　　」ように。

なきずもう

なきずもうは毎年秋《まいとしあき》におこなわれます。

おさない子どもがけんこうにそだつことをいのるぎょうじです。

じん社《じゃ》のかみさまがやどるというこ土ひょうに、はだしで上がることにより、わるいものをはらいのけるとされています。

こたえ

1 はちまき
まわし

2 ないている
きょとんとしている
ニコニコしている

3 元気にそだつ

チューリップ

㋐チューリップは、きゅうこんからそだてます。タマネギのような形《かたち》のきゅうこんの中には、よう分《ぶん》がたくわえられています。

㋑チューリップのきゅうこんは、秋《あき》にうえます。すると、きゅうこんから、たくさんのねが出ます。そして、冬《ふゆ》のさむさがすぎるとめを出し、やがて、じょうぶなはを広《ひろ》げます。はが十分《じゅうぶん》そだつと、花のつぼみが出てきます。

その後《ご》、つぼみをつけたくきが、ぐんとのびると、春《はる》にはきれいな花をさかせます。

1　㋐は、どのような形ですか。（5点）

［　　　　］のような形。

2　㋐の中には、何《なに》がたくわえられていますか。（5点）

［　　　］

3　㋑の後《あと》、何が出ますか。（10点）

［　　　　　　］

4　チューリップは、いつ花をさかせますか。きせつを書《か》きましょう。（10点）

［　　］

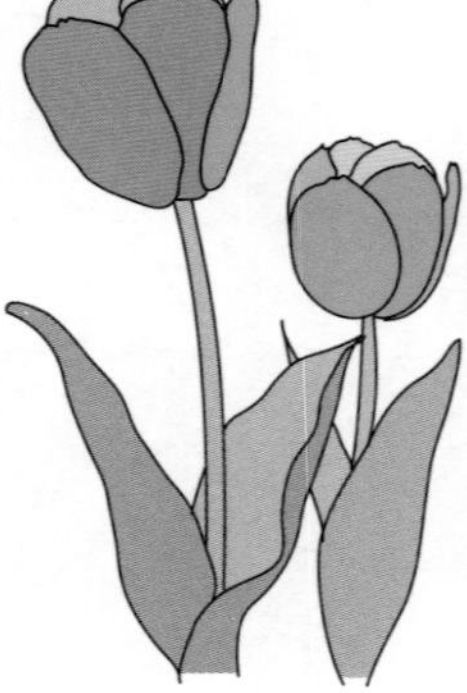

チューリップの花

きゅうこんから出ため

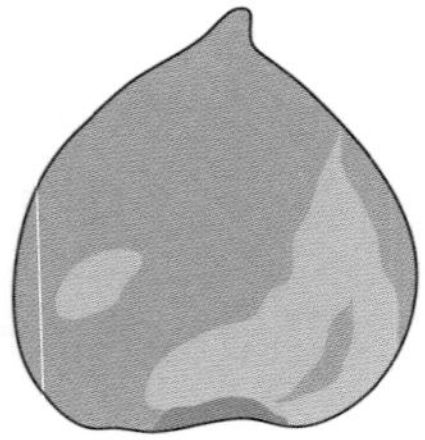

きゅうこん

こたえ

1 タマネギ

2 よう分

3 たくさんのね

4 春

はたらく自どう車

ショベルカーは、前《まえ》のバケット（かご）で地《じ》めんをほり、土やすなをすくい上《あ》げます。

ブルドーザーは、㋐前についたはで土をけずり、おしてはこびます。

ダンプカーは、おもい土や石をたくさんはこびます。㋑に台《だい》を大きくかたむけてにもつを一どにおろすことができます。

ミキサー車は、コンクリートをはこびます。つんだコンクリートがかたまらないように㋒かきまぜながらはこびます。

これらのはたらく自《じ》どう車が、トンネルやはしを作《つく》っているのです。

---

1 ショベルカーの前には何《なに》がついていますか。（10点）

［　　　　］

2 ㋐㋑は、何という自どう車ですか。（10点）

㋐［　　　　］

㋑［　　　　］

3 ㋒は、なぜですか。（10点）

［　　　　］が

［　　　　］ように。

ダンプカー

ショベルカー

ミキサー車

ブルドーザー

こたえ

1 バケット

2 ㋐ ブルドーザー
㋑ ダンプカー

3 (つんだ) コンクリート
かたまらない

せつ分

「せつ分《ぶん》」ということばを知《し》っていますか。

「オニは外《そと》、ふくは内《うち》。」といって、オニにむかってまめまきをする日のことです。今《いま》では、立春《りっしゅん》の前《まえ》の二月三日に行います。

むかしから、きせつのかわりめには、よくないことがおきると言《い》って、そのやくばらいをしていました。「よくないこと（オニ）は、出て行《い》け、よいこと（ふく）は、やって来《こ》い」といういみがあります。

さいきんでは、えほうまきといって、まきずしの丸《まる》かじりをしたりもします。

1　オニにむかってまめまきをする日を何《なに》といいますか。（10点）

2　「オニは外、ふくは内」のいみを書《か》きましょう。（20点）

オニは外

ふくは内

〈せつ分のぎょうじ〉

まめまき

「オニは外、ふくは内《うち》」と言《い》ってまめまきをします。

えほうまきとねがいごと

ねがいごとをしながらまきずしの丸《まる》かじりをします。

ひいらぎイワシ

オニが、くさいにおいをいやがるやいたイワシの頭《あたま》と、ささるといたいひいらぎのはっぱを、げんかんにかざります。

こたえ

1 せつ分

2 **おには外**

よくないことは、出て行け

ふくは内

よいことは、やって来い

セキレイ

セキレイは、水べにすみ、体《からだ》が細《ほそ》く、お・が長《なが》い、とてもスマートな鳥《とり》です。

色《いろ》は、白《しろ》、黒《くろ》がまじっていて、よく目立ちます。とび立つと白《しろ》い羽《はね》がきれいです。

こん虫をつかまえて食《た》べます。

人をこわがらず近《ちか》くによって来《き》ます。そして、道《みち》あん内《ない》でもするように㋐お・を上下にふりながら、人が歩《ある》く前《まえ》をトコトコとびはねていきます。

鳴《な》きながら、なみをえがくようにとぶのも、とくちょうがあります。

---

1 セキレイは、どこにすんでいますか。（5点）

〔　　　　〕

2 ㋐は、どう見えますか。（10点）

〔　　　　〕するよう。

3 とび方《かた》にどのようなとくちょうがありますか。（15点）

〔　　　　〕、〔　　　　〕を〔　　　　〕ようにとぶ。

セキレイは、日本ぜん国《こく》で見られるとくちょうあるうつくしい鳥《とり》です。

古《ふる》くから、それにまつわる言《い》いつたえがあります。

広島県《ひろしまけん》などでは、かみの鳥とよばれ、つかまえてはいけないと言います。

また、町の鳥にもなっているところもあります。

うつくしい長《なが》いおを上下にふるしぐさから、イシタタキなどともよばれています。

セキレイ

こたえ

1 水べ

2 道あん内（でも）

3 鳴きながら
なみ
えがく

赤いろうそく（1）

山から里《さと》の方《ほう》へ、あそびに行《い》ったサルが、一本の赤《あか》いろうそくを、ひろいました。赤いろうそくは、たくさんあるものではありません。それで㋐サルは、赤いろうそくを、花火だと思《おも》いこんでしまいました。サルは、ひろった赤いろうそくを、だいじに山へもって帰《かえ》りました。山では、㋑たいへんなさわぎになりました。なにしろ、花火などというものは、シカにしても、イノシシにしても、ウサギにしても、カメにしても、イタチにしても、タヌキにしても、キツネにしても、まだ、一ども見たことがありません。その花火を、サルがひろってきたというのであります。

新美南吉

1　サルは、どこへ、何《なに》をしに行きましたか。（10点）

［　　　　］

2　㋐なぜそのように思いましたか。（10点）

［　　　　］

3　㋑なぜ、たいへんなさわぎになったのですか。（10点）
どうぶつたちは、

［　　　　］

赤いろうそく　あらすじ①

山から里《さと》の方へ、あそびに行ったサルがめずらしいものをひろってかえりました。山のどうぶつたちは、サルがひろったという花火というものなど見たことがありません。「花火はどんなに大きな音を出しとび出すか、どんなにうつくしく空に広《ひろ》がるか」というサルの話《はなし》で、みんなはとてもよろこんでいました。

さて、夜《よる》になりました。

しかし、だれも花火に火をつけに行こうとしません。

そこで、くじを引《ひ》いて火をつけに行くものをきめることにしました。

一番《いちばん》はカメでした。カメは元気に行きますが、花火のところまでくると、首《くび》が自《し》ぜんに引っこんでしまうばかりでした。

（つづく）

こたえ

1 里の方へ、あそびに行った

2 赤いろうそくは、たくさんあるものではないから

3 花火などというものを、まだ一ども見たことがないから

赤いろうそく（2）

さて夜《よる》になりました。みんなはむねをおどらせて山のてっぺんにやって行《い》きました。サルはもう赤《あか》いろうそくを木のえだにくくりつけてみんなの来《く》るのをまっていました。いよいよこれから花火をうち上げることになりました。しかしこまったことができました。ともうしますのは、だれも花火に火をつけようとしなかったからです。みんな花火を見ることはすきでしたが火をつけに行くことは、すきでなかったのであります。これでは花火は上がりません。そこでくじを引いて、火をつけに行くものをきめることになりました。

新美南吉

1 ㋐のことばのいみは、つぎのうちどれですか。正《ただ》しいものに○をつけましょう。（10点）

（　）心《しん》ぱいしている
（　）おちこんでいる
（　）ワクワクしている

2 ㋑は、何《なに》ですか。（10点）

「　　　　」

3 ㋒で、何をきめるのですか。（10点）

「　　　　」

赤いろうそく　あらすじ②

今《こん》どは、いたちが行《い》くことになりました。イタチはカメよりいく分《ぶん》ましでした。首《くび》を引《ひ》っこめなかったからです。しかし、ひどい近《きん》がんのためキョロキョロうろつくだけでした。

とうとういさましくイノシシがとび出しました。ほんとうに火をつけてしまいました。

みんなは、びっくりして草むらにとびこみ耳をかたくふさぎました。耳ばかりでなく目もふさいでしまいました。

しかし、ろうそくはポンともいわずしずかにもえているばかりでした。

こたえ

1 （○がつく）
ワクワクしている

2 だれも花火に火をつけようとしなかった

3 火をつけに行くもの